$EU CLIENTE PODE PAGAR MAI$

IAN BROOKS

EDITORA FUNDAMENTO

2014, Editora Fundamento Educacional Ltda.
Reimpresso em 2017.

Editor e edição de texto: Editora Fundamento
Capa: Zuleika Iamashita
Editoração eletrônica: Commcepta Design
TRC Comunic Design Ltda. (Marcio Luis Coraiola); Willian Bill
CTP e impressão: SVP - Gráfica Pallotti
Tradução: Márcia Cláudia Reynaldo Alves

Produzido originalmente na Nova Zelândia por Nahanni Publishing Limited

Dados Internacionais de Catalogação na Publicação (CIP)
(Câmara Brasileira do Livro, SP, Brasil)

Brooks, Ian
Seu cliente pode pagar mais / Ian Brooks ; [versão brasileira da editora] – 2ª. ed. – São Paulo, SP : Editora Fundamento Educacional Ltda., 2014.

Título original : Persuade your customers to pay more.

1. Clientes - Contatos 2. Marketing de relacionamento 3. Vendas I. Título.

03-6034 CDD-658.812

Índices para catálogo sistemático:
1. Clientes: Relacionamento: Administração de empresas 658.812
2. Clientes e preços: Administração de empresas 658.812

Fundação Biblioteca Nacional

Depósito legal na Biblioteca Nacional, conforme Decreto n.º 1.825, de dezembro de 1907.

Impresso no Brasil

Telefone: (41) 3015 9700
E-mail: info@editorafundamento.com.br
Site: www.editorafundamento.com.br

Este livro foi impresso em papel pólen soft 80 g/m² e a capa em papel-cartão 250 g/m².

Sumário

Introdução

Pagar mais caro? Por quê?

"Pagar mais caro? Por quê?" É a pergunta que os consumidores se fazem, todos os dias. Desconfio que seja uma questão em aberto, desde o tempo do homem das cavernas: "Por que trocar um dente de mamute por duas lanças?" De qualquer modo, é com certeza a indagação que hoje se examina no mundo dos negócios. Tem a ver, por um lado, com as condições atuais do mercado, mais competitivo na maioria dos países e, por outro, com o desenvolvimento tecnológico e a produtividade, que resultaram na diminuição dos custos de produção de numerosos produtos e serviços. Outra razão é que vivemos períodos de baixa ou nenhuma inflação. Mas o motivo principal é que ensinamos os clientes a fazerem perguntas! A reação da maioria das empresas ao mercado competitivo tem sido reduzir preços para fechar vendas. Grande parte dos compradores, por exemplo, sabe que não faz o menor sentido pagar o preço total de varejo para bens de consumo, pois o que estão procurando vai estar em liquidação, em algum lugar. Se não for nessa loja, será em outra; se não hoje, na próxima semana.

Muitas empresas começam a compreender o despropósito que é fazer negócios dessa maneira. Ao reduzirem preços, vão, provavelmente, reduzir as margens de lucro. Se reduzem as margens, vão fazer menos dinheiro ou, talvez, dinheiro nenhum. Podem até perder dinheiro. Qual a vantagem disso? O propósito da atividade comercial é o lucro. Então, o objetivo que deveria impulsionar todo empresário seria o de conseguir clientes que permanecessem fiéis, por um longo período de tempo. A palavra-chave, obviamente, é lucratividade. Muitas empresas perderam a noção de lucro. Outro dia, conversava com um gerente de vendas, que assumira, recentemente, esse cargo, e ele me contou que havia dado instruções aos membros da equipe para que desistissem dos negócios nos quais a empresa estivesse perdendo dinheiro. Foi preciso chegar alguém novo na empresa, uma pessoa de fora, para ver a estupidez de correr atrás de negócios que traziam prejuízo. O maior desafio desse novo gerente foi, entretanto, convencer a equipe de vendas de que havia tomado a decisão correta! Claro que pode haver um motivo estratégico para se fazer negócios, com pouco ou nenhum lucro. Às vezes, é preciso livrar-se de mercadorias em estoque. Ou, talvez, a intenção seja atrair consumidores com um produto abaixo do custo. Ou, mesmo, perder dinheiro na venda inicial, com a finalidade de provar ao cliente que você deveria tornar-se o principal fornecedor dele.

A maioria das empresas está fazendo concorrência com base no preço e perdendo a lucratividade por uma única razão: não sabe competir de nenhuma outra forma.

Os economistas vão lhe dizer que dinheiro é, apenas, o meio pelo qual todos competem por aquilo que querem. A arte de fazer dinheiro, portanto, é persuadir o cliente a pagar mais pelos seus produtos e serviços. E o truque é levar os clientes a darem preferência ao que você oferece. Parece simples? É simples! Fazer negócio pode ser trabalhoso, mas não é complicado. Quando os clientes perguntam por que têm de pagar mais, sua obrigação é explicar.

Convencer os clientes a pagarem mais não é nada fácil, num mercado em que todos querem tudo "de graça" e "para ontem".

Mesmo assim, subir os preços é o melhor que se tem a fazer, para aumentar a rentabilidade. Além do mais, é possível persuadir os clientes a pagarem mais, se as quatro etapas seguintes forem seguidas.

1. Não faça concorrência com base no preço.
2. Crie um valor extra.
3. Determine o preço com lucro.
4. Venda o valor agregado.

Este livro vai ensinar a você como transformar essas quatro etapas nas mais importantes para todos, na empresa. Também vai ajudá-lo a mudar a maneira de pensar das pessoas. O foco tem de estar no cliente, não nos produtos e serviços; o foco tem de ser manter clientes, não ir atrás de novos; tem de ser a maximização do lucro, não apenas obter uma fatia do mercado. E o foco tem de ser alcançar boas margens de lucro, não somente fechar grandes negócios.

Em se tratando de negócios, persuadir os clientes a pagarem mais é absolutamente lógico. Também é mais compensador, por outro motivo. Nós, na maioria, concordamos com o que um executivo americano disse, certa ocasião: "Vender com base no preço? Qual a graça?"

Oi, Chefe! Fechei uma outra venda! Tive de dar um bom desconto. Mas, pelo menos, fiz a venda. Não é o máximo?

Capítulo 1

Cortar preços? Pense duas vezes!

"O mapa da economia está coberto de áreas, cada vez mais numerosas e maiores, onde não há lucro... Zonas de lucratividade zero são os buracos negros do universo empresarial."
Adrian Slywotzky e David Morrison, no livro **Arte do Lucro**

Vamos supor que, toda vez que um time de futebol americano tivesse a posse da bola, os jogadores a jogassem para trás, de volta para o campo adversário. Teriam sucesso? Desconfio que não muito. O outro time logo entenderia que a jogada era sempre a mesma. Iria se preparar, escolhendo as posições em campo, para reagir. Para se sair bem, um time precisa ter um conjunto de passes combinados previamente, objetivando surpreender o adversário; o mesmo princípio é aplicado aos negócios. Então, por que os empresários enfiam a mão na cartola e sacam de lá, todas as vezes, a mesma estratégia? Cortar preços é um truque perfeito quando usado de vez em quando, mas a mágica vai perdendo a graça se, todas as vezes, aparece o mesmíssimo coelho. Também fica fácil para os mágicos concorrentes aprimorarem o truque e relegarem o "mágico de coelho na cartola" para a segunda divisão. Até mesmo a audiência fica cansada, depois de um tempo. "Hum! Outra liquidação. Não passa de mais um produto ou serviço com desconto". Nesse cenário, você vai ter de melhorar a oferta, se quiser manter os clientes interessados. Um desconto de 10% já não é mais o bastante para entusiasmá-los? Presumo que, da próxima vez, terá de oferecer-lhes 15%.

MAS A PRÁTICA DO DESCONTO É PERIGOSA.

Em um mercado caracterizado por uma disputa implacável, competir no preço é uma tentação. A prática da remarcação de preço, para fechar uma venda, é tão difundida que, a certa altura, eu mesmo cheguei a pensar que a maioria das empresas já não se lembrava de como era competir em outras bases, além do preço. Descobri, porém, que estava enganado. Agora, tenho a certeza de que nunca soubemos como competir de outra maneira. Você deve se lembrar que, até a metade dos anos 1980, costumávamos fazer negócios numa economia regulamentada. Em todos os grandes setores industriais, havia um concorrente dominante ou apenas algumas empresas de porte. Então, o mundo mudou. A desregulamentação abriu caminho para o aumento da concorrência, e, de repente, tivemos de aprender a competir. Disputar o mercado com base no preço parecia a coisa mais óbvia a fazer, sobretudo porque, em muitos casos, eles estavam desnecessariamente altos, em decorrência de anos de subsídios e de ausência de concorrência. Preço baixo significava margens menores o que, por seu turno, significava que as empresas tinham de cortar custos. Embora doloroso, principalmente para o pessoal que tinha perdido o emprego,

era relativamente de fácil execução pois, mais uma vez, subsídios e ausência de competição haviam preparado o terreno para a incompetência. Hoje, porém, a história é bem outra. As empresas, na maioria, procuram estar o mais enxutas que puderem. Os empregados sabem que é esperado que ultrapassem a produção do ano anterior, sem que, contudo, tal esforço se traduza em gordos aumentos salariais, como acontecia no passado. A pressão recai direto sobre os fornecedores, obrigando-os a diminuir ou mesmo a cortar preços.

A prática do desconto é hoje tão frequente que, quando compro alguma coisa, sempre reclamo que o preço está muito alto, mesmo que não seja verdade, porque a cada nove entre dez vezes, os vendedores vão reagir, baixando os preços.

Há uns anos, por exemplo, eu estava construindo uma casa, e o empreiteiro responsável pela pintura decidiu, de uma hora para outra, que não ia mais trabalhar. Aquilo me deixou em apuros, porque já estávamos atrasados no cronograma, o que implicava ter de sair de onde estava e ir morar numa casa em construção. Rapidamente, telefonei para outros empreiteiros de pintura e expliquei o problema. Naquela mesma tarde, uma empresa veio dar uma olhada no serviço. Parecia qualificada. Os responsáveis disseram-me que poderiam começar no dia seguinte e que empregariam mais mão-de-obra, para compensar o tempo perdido. Pareciam saber o que estavam fazendo e tinham boa reputação. O responsável pelo orçamento ficou de enviar-me um fax com o preço, ainda naquela tarde. Já estava decidido a contratá-los, mas esperei para ver os preços, antes de lhes comunicar a decisão. Quando o fax chegou, reparei que os preços estavam alinhados com os dos concorrentes e telefonei-lhes para tratar do serviço. "Pode começar amanhã?", perguntei. "E vai botar uma turma para tocar o serviço?" Assegurou-me que sim. "E se não tiver terminado antes de a gente se mudar, vai poder trabalhar conosco lá dentro?", insisti.

"Sem problema", respondeu.

"Gostaria mesmo que fizessem o serviço, mas o preço está muito alto."

"Ok", ele falou. "Vou ver o que posso fazer."

> Uma hora mais tarde, mandou um fax, dizendo que reduziria o preço em 10%!
>
> Qual a razão para isso? Mesmo se tivesse colocado 10% extra na cotação original, ou mesmo se estivessem desesperados por trabalho, não havia por que abrir mão de uma fatia tão grande do lucro, do qual, evidentemente, vem o dinheiro para financiar os descontos. O responsável pelo orçamento poderia ter argumentado: "Perdão, mas o senhor não disse que precisava de alguém para começar de imediato? E não queria uma turma para adiantar o serviço? Depois não disse que, talvez, fosse preciso que trabalhássemos com o senhor e sua família dentro da casa, caso se mudassem antes de termos acabado? Bem, podemos fazer tudo isso. E não vamos abandonar o serviço, como o outro pessoal! Também damos garantia do trabalho. Então, isso tudo não vale o preço que demos?" Claro que teria dito que sim. Você, não?

O desconto destrói a credibilidade.

Se reduzir o preço é sua arma predileta, deveria entender que fica muito fácil para os concorrentes superá-lo, pois tudo o que precisam fazer é tirar "da cartola" um desconto ainda maior. Kmart, a maior loja de varejo americana, que já precisou de auxílio para escapar da falência, aprendeu essa lição, do jeito mais difícil. Numa tentativa de incrementar as vendas em declínio, reduziu os preços. Não foi surpresa nenhuma quando sua maior concorrente, a Wal-Mart, reagiu com descontos ainda maiores. Claro que a Wal-Mart, por ser a maior varejista mundial, tinha mais reservas. Conclusão: Kmart perdeu a guerra de preços, perdeu as vendas e pode até perder o negócio, como um todo.

Contrariamente ao que era de se supor, essas guerrinhas não custam apenas dinheiro, mas estragam o relacionamento com os clientes. Os descontos destroem a credibilidade. Primeiro, você diz que o produto vale 50,00 e, depois, que vale apenas 45,00. Agora está pronto para aceitar 40,00. O cliente começa a achar que, talvez, a mercadoria ou serviço posto à venda valha apenas 35,00 ou, até mesmo, 30,00. O cliente fica se perguntando qual o verdadeiro valor do bem ou serviço. Fica cansado de se preocupar em estar pagando caro demais ou começa a imaginar se faria melhor negócio em outro estabelecimento. E, além do mais, resta sempre aquela incômoda desconfiança de que você talvez só esteja mesmo levando aquilo pelo qual pagou.

Voltando ao time de futebol, provavelmente o problema mais sério de jogar a bola para trás seja o de estar desperdiçando algo de valor. Os jogadores perdem a posse de bola e, embora recuperem posição dentro do campo, na maioria das vezes não vale a pena. Afinal de contas, não dá para fazer gol sem a bola, embora seja possível marcar, começando do próprio campo. Acontece a mesma coisa com empresários que sabem competir apenas no preço. Podem ganhar volume de vendas ou uma fatia do mercado, mas abrem mão da margem de lucro. Óbvio que a estratégia de preços deveria estar relacionada com as metas do negócio. Quer uma fatia do mercado? Planeja aumentar o volume de vendas? Ou quer melhorar o lucro? Esses são posicionamentos bastante diferentes. Muitos empresários somente aprenderam depois de sentirem na carne que participação no mercado e aumento de volume não significam, necessariamente, lucratividade. Qualquer que seja o objetivo imediato, jamais se esqueça de que a meta de longo prazo, nos negócios, é ter clientes lucrativos e fiéis, por muito tempo.

Não ligo a mínima para o quanto custa.
Consigo muito valor.
O serviço é fantástico.
Esses caras realmente cuidam de mim.
Eles têm os preços mais baixos.
Neles você pode confiar.
Sempre compro o mais barato.
É uma experiência fantástica!
Minha marca é a melhor.
A marca que uso recompensa minha fidelidade.
O que deseja que os clientes digam sobre sua empresa?

Resumo

- Muitas empresas concorrem com base no preço, e somente no preço.
- Há lugar para os descontos, sobretudo se você reinventar sua indústria.
- Mas é uma estratégia perigosa porque destrói a confiança, a reputação e a rentabilidade.
- Uma política de preços voltada para o lucro é essencial para o sucesso do negócio.
- Existem alternativas aos descontos, pois preço não é o problema.
- Os consumidores querem o valor do produto ou serviço e não preços baixos.
- A maioria de nós não sabe a que os clientes dão valor.
- Evitar a redução de preço, ou mesmo aumentar os preços em 1%, vai provocar reação positiva nos resultados financeiros.

Reflexões

- Pense em todas as ocasiões, nos últimos três meses, em que competiu no preço.
- O quanto lhe custou fazer isso?
- O que vai acontecer, se continuar fazendo isso, a longo prazo?
- Se fosse um de seus concorrentes, como reagiria?

Capítulo 2

Mitos sobre preços

As pessoas compram por razões sentimentais, não por razões lógicas.

Não existe nenhuma questão empresarial que seja mais repleta de enganos que a fixação de preços. É uma lástima, pois, como já analisamos, nada produz impacto maior na rentabilidade que a determinação do preço. Assim, vale a pena desafiar esses mitos; apegar-se a eles com fé cega pode pôr em risco o seu negócio.

Mito n.º 1 – Preço é "O" problema.

Talvez um dos maiores mitos da atualidade seja o de que, para os consumidores, o que importa, realmente, é o preço. Nada está mais longe da verdade. Uma pesquisa recente, realizada pela Grey Advertising do Canadá, descobriu que somente 37% dos entrevistados afirmaram fazer comparação de preços, o que significa uma queda com relação ao percentual de 54%, em 1991. Um estudo australiano revelou que as pessoas dão mais

Uma pesquisa canadense mostrou que somente 37% das pessoas fazem comparação de preços.

importância à data de validade e ao país de origem do que aos preços. O Woolworth é um dos supermercados mais rentáveis da Austrália, embora não seja o mais barateiro. Um outro estudo, desta vez buscando analisar a utilização da Internet, mostrou que somente 19% dos compradores usam a Internet para comparar preços. Não faz muito tempo, um dos meus clientes fez uma pesquisa entre seus consumidores e descobriu que, embora o mercado fosse altamente competitivo, o item preço estava em terceiro lugar na lista dos fatores de motivação para compra, depois de comodidade e qualidade. Preço não é nem mesmo o grande motivo para as pessoas comprarem *on-line*. A Amazon.com, por exemplo, é mais cara que muitos concorrentes.

Mas não é necessário examinar os resultados de uma pesquisa para certificar-se de que outros fatores, além do preço, influenciam na decisão de compra. Basta observar o seu próprio comportamento. Você pode pôr a mão na consciência e dizer que sempre, ou quase sempre, compra o produto mais barato? Seja sincero e responda: você compara preços antes de comprar? Faz compras em lojas de conveniência, onde a conveniência custa mais? Quantos quilômetros dirige para poupar 2 centavos por litro de gasolina? Quando faz compras em lojas de desconto, tem certeza de que os preços que está pagando são, realmente, mais baixos que nas outras lojas? E o que acha da ideia de ter o seu cérebro operado por um cirurgião que cobra preços módicos? Com toda honestidade, as pessoas compram por razões emocionais e, não, pelas razões lógicas. Aliás, 70% das decisões de compra são tomadas por impulso.

Quase todos nós, com relativa frequência e em sã consciência, pagamos mais se há um extra sendo oferecido, do tipo comodidade ou segurança. Um bom exemplo disso é o da televisão em cores. Assim que apareceu, nos anos 70, preço era a questão fundamental. Várias empresas colocavam no mercado produtos similares, e os consumidores escolhiam com base no preço. Qualidade nunca foi uma preocupação, porque o produto de um fabricante era tão bom, ou tão ruim, quanto o do outro. Foi, então, que os japoneses entraram no mercado, e a história mudou. Os aparelhos japoneses eram de melhor qualidade e, embora fossem mais caros, ainda estavam ao alcance do bolso das pessoas. Os japoneses ganharam a parada. Qualidade passou a ser questão fundamental para os consumidores, e eles estavam dispostos a pagar um extra por ela.

O poder da marca é uma questão muito mais importante que o preço, especialmente numa época em que os consumidores estão sendo bombardeados com inúmeras opções. Como já falei, dinheiro é apenas o meio pelo qual todos vão atrás do que querem, e, quanto mais desejam uma coisa, mais estão dispostos a pagar por ela. Dinheiro é a emoção convertida em realidade, um canal por meio do qual se derramam os desejos. O propósito da marca é estimular essas emoções. O dono da marca é quem vai decidir como quer que você se sinta quando pensa nela ou quando olha para a logomarca, ou quando usa o produto ou serviço. As marcas líderes do mercado raramente são as de menor preço, e poucos são os exemplos de marcas mais baratas que abocanham a maior fatia de mercado. Além disso, as grandes marcas têm consumidores mais comprometidos e, portanto, propensos a repetir a compra.

Claro que preço é ***uma*** questão polêmica. A maior parte dos consumidores vai experimentar um produto do concorrente se a diferença de preço for grande, e ***o risco, pequeno***. Também estarão até mesmo dispostos a mudar para a marca do concorrente se a diferença de preço for grande o bastante. Então, seu preço tem de ser compatível com o poder aquisitivo do consumidor alvo e, a menos que o seu produto tenha algo que o qualifique como especial, o preço não pode ser muito diferente daquele praticado pelos concorrentes, não mais de 15% a 20% mais altos. É notório que os consumidores da Nova Zelândia estão mais preocupados com preço que os australianos.

Uma pesquisa feita pela Westfield, administradora de grandes *shoppings* na Nova Zelândia e Austrália, revelou que os consumidores da Nova Zelândia estão mais preocupados com o preço, enquanto os australianos estão mais preocupados em receber valor. Será que os compradores da Nova Zelândia não exigem a queda dos preços, em razão de terem sido condicionados, por nós, a acreditar que preço deve ser o assunto principal? Mas não é preciso ser o fornecedor mais barateiro, nem mesmo na Nova Zelândia. Preço é um dos pontos que os consumidores levam em conta, mas não é a questão crucial.

Será que preço é "O" problema para você?

- Sempre, ou mesmo às vezes, você compra os produtos de menor preço?
- É verdade que compara preços todas as vezes que sai às compras?
- Às vezes compra em lojas de conveniência, onde a conveniência custa mais?

- Quantos quilômetros dirigiria para poupar 2 centavos por litro de gasolina?
- Você compraria um carro usado de 6.000,00 que precisa de conserto, ou um carro de 8.000,00, em boas condições?
- Sabe qual o preço da maioria das mercadorias que compra no supermercado?
- Quando faz compras em loja de desconto, tem certeza de que os preços que está pagando são, realmente, mais baixos que em outro lugar?
- Gostaria de ser operado por um cirurgião que desse desconto?
- Procura pelas promoções antes de adquirir sua marca de costume?
- Alguma vez desistiu da compra porque o preço era muito barato?
- Já comprou por puro prazer?
- Alguma vez pensou: "não dá para errar comprando qualidade"?
- Então, por que acha que seus clientes pensariam ou se comportariam de forma diferente?

Muitos de vocês vão estar vendendo de empresa para empresa e têm de lidar com gerentes de suprimento que só têm um único objetivo, qual seja, o de persuadi-los a baixar o preço. Evidente que o assunto preço é superimportante no mundo de hoje, especialmente em indústrias como a da construção em geral, na qual são bastante usados os procedimentos de licitação de preços. Mais uma vez, porém, o problema não é o preço. Por quase 15 anos, venho organizando seminários para empresas, durante os quais alguns clientes dessas mesmas empresas contam para toda a equipe o que esperam dela. Praticamente, todos os clientes enviam a mesma mensagem. "Preço é importante", dizem, "mas credibilidade é mais importante ainda". Esses clientes sabem que se seus fornecedores falharem com eles, acabariam deixando os próprios clientes na mão, com sérias consequências financeiras. Claro que os gerentes de suprimento não mencionam nada sobre isso, quando estão tentando persuadi-lo a diminuir os preços. Você faria diferente?

Se preço fosse "O" problema, então...

- Por que as vendas dos restaurantes, que têm serviço completo, estão crescendo 6% ao ano?
- Por que o emplacamento de motocicletas mais potentes, como as Harley Davidson, cresceram 150% na década passada?
- Por que não estamos todos dirigindo Ladas?

As consequências de uma compra errada são muito maiores para empresas que para consumidores individuais. A pessoa pode perder algumas centenas de dólares e ficar aborrecida ou desapontada. Mas, para uma empresa, uma compra equivocada pode custar não só muitas centenas de milhares de dólares, como também alguns clientes importantes. Então, por que os gerentes de compras estão focados, unicamente, no preço? Porque o trabalho deles encoraja-os a olhar a questão, exclusivamente, pelo lado dos custos, não das vantagens. Partem do pressuposto, e é bem provável que o chefe deles também pense assim, que, se reduzirem custos, vão aumentar os lucros. Aparentemente, há lógica nessa equação. Mas, como já disse, se um preço mais baixo resulta em aumento dos custos operacionais e perda de clientes, onde está a vantagem? Além disso, pagar mais por um produto ou serviço de qualidade superior pode contribuir para que a empresa, por seu turno, consiga cobrar mais dos clientes. Conforme vamos discutir adiante, se seu produto ou serviço contém um valor a mais, isso vai valorizar o produto ou serviço dos seus clientes corporativos. E eles deveriam ser capazes de traduzir isso em preços mais altos. Essa é a estratégia por trás da campanha publicitária *Intel Inside.*

On-line: o que importa é o valor, não o preço.

Nos negócios *on-line*, os internautas, normalmente, dão mais valor à marca e ao serviço do que ao preço. Duas novas pesquisas desafiam a crença popular de que compradores de "empresa a empresa" usam a Internet quase que exclusivamente para correr atrás de pechinchas.

Cada uma das pesquisas mostra que compradores de *"business to business" (B2B)* dão muito mais valor às marcas famosas e à qualidade do serviço do que ao preço.

É um engano vender *on-line* com abatimento no preço, se tiver de cortar os serviços personalizados para diminuir custos. Ao contrário: use a Internet para reforçar a excelência da sua marca e para melhorar os serviços prestados ao consumidor, enquanto mantém os preços inalterados.

Main Report

Outra razão para que gerentes e empresários oponham severas resistências aos aumentos de preço dos fornecedores é porque não sabem como repassá-los adiante aos próprios clientes. Sempre fico impressionado quando vejo vendedores que ganham por comissão reclamando de aumento de preço. Era de se supor que, se recebem 20% de comissão, e o preço do produto aumentou de 500,00 para 600,00, isso os deixaria felizes. Afinal de contas, significa que ganhariam 20,00 extra por venda. Mas os vendedores, na maioria, não pensam assim. A ideia que passa pela cabeça deles é que o aumento de preços vai dificultar o fechamento das vendas. Entretanto, para um vendedor profissional, esse problema não significa uma desvantagem, mas uma oportunidade. O que se passa é que, em termos gerais, não há profissionais de venda nas empresas menores. Nelas, você encontra excelentes pedreiros, médicos, projetistas ou atendentes de loja, para quem o ato de vender não traz nenhum prazer. Por isso, acham difícil competir em outra base que não seja preço e, por conseguinte, resistem a qualquer aumento por parte dos fornecedores. Nessas circunstâncias, a melhor estratégia é o fornecedor ensinar seus clientes a venderem. Algumas empresas, como PPG Industries da Nova Zelândia, estão fazendo isso, e os resultados são altamente positivos.

MITO N.º 2 – O MERCADO FIXA O PREÇO.

Nesse mundo centrado no consumidor, outro mito é que é o mercado que fixa o preço. Segundo essa fantasia, são os consumidores que vão dizer aos fornecedores o quanto eles podem cobrar e que esses últimos não têm condições de reagir porque, de acordo com o mito n.º 1, o problema principal é o preço. Acreditar nisso é acreditar que o *marketing* não vale nada para o sucesso dos negócios, que marca é algo desprezível e que os vendedores apenas servem para preencher ordens de compra. Talvez o seu *marketing* não esteja funcionando. Talvez a sua marca não seja de prestígio. Talvez os seus vendedores apenas preencham ordens de compra. Mas não precisa ser assim.

Ninguém o obriga a permanecer passivo e aceitar o quanto o mercado quiser oferecer por suas mercadorias. É possível tomar a iniciativa e influenciar o preço que os clientes estarão dispostos a pagar, sem reclamar. Primeiro, como iremos discutir no Capítulo 4, existe a possibilidade de você criar uma demanda quando descobrir quais são os problemas que incomodam de tal forma os seus consumidores que, para tê-los resolvidos, eles pagariam, satisfeitos, o preço estipulado. Não basta, porém, apenas identificar os problemas. É preciso compreender o quanto esses problemas estão custando aos clientes e quanto valeria, para eles, tê-los solucionados. Em segundo lugar, é preciso determinar o que poderia fazer para incrementar ainda mais o valor do produto. Os clientes dão valor a quê? Comodidade? Rapidez? Credibilidade? Serviço pessoal? Luxo? Especialização? Então, pegue esses acréscimos de valor e agregue-os na oferta básica. Por último, é preciso vender o valor que criou. O uso de uma embalagem atraente, anúncios criativos e vendas especializadas podem mostrar aos consumidores o quanto de valor seu produto vai fornecer a eles.

O que temos de fazer para que os clientes paguem o preço que gostaríamos de cobrar?

Se é assim tão simples, por que as pessoas caem na armadilha de acreditar que são obrigadas a aceitar o que os consumidores oferecem? Acho que a nossa maneira de raciocinar está equivocada. Como já disse, o principal motivo para não aumentarmos os preços é o medo. Assim, quando alguém nos diz que o consumidor está preparado para pagar apenas 65,00, pensamos: "se nos dizem que vão pagar só 65,00, nunca vamos conseguir que paguem 75,00". Entretanto, essa proposição embota o raciocínio. Deveríamos nos indagar: "o que temos de fazer para que os clientes paguem 75,00?" Esse é o pensamento positivo que analisa possibilidades e abre a mente para oportunidades sem limite. Se não consegue pensar em nada, lembre-se de que sempre pode adicionar 50,00 ao seu produto. Aí os clientes com certeza pagariam 75,00 por ele! E então? O que mais poderia fazer? Há sempre algo mais. Você só precisa descobrir.

Esse mito de que o preço é fixado pelo mercado também pressupõe que os consumidores saibam o que estão dispostos a pagar. Mas eles não sabem, e, para prová-lo, há um excelente exemplo ocorrido na Nova Zelândia, há alguns anos. Uma empresa australiana estava planejando lançar um novo sorvete que, basicamente, era um sorvete cremoso, no palito. Todos sabiam que era um sorvete no palito, muito gostoso e caro. Quando o concorrente da Nova Zelândia ficou sabendo disso, resolveu fazer uma pesquisa de mercado, juntando grupos de discussão e deixando que saboreassem o novo produto. Entre outras coisas, a empresa da Nova Zelândia indagou às pessoas dos grupos de discussão se estariam dispostas a pagar 2,00, que era o preço cotado pelo produto. Predominaram as respostas negativas. Foi um alívio para a empresa, que concluiu que o preço de 2,00 removeria qualquer ameaça que o novo produto poderia representar, e decidiu ignorá-lo. Presumo que a empresa australiana não tenha se lembrado de fazer pesquisa de mercado, pois lançou o produto na Nova Zelândia, conforme planejado. Foi um sucesso estrondoso. Em poucos meses, o tal sorvete no palito "escandalosamente caro" havia abocanhado 33% do mercado de novos sorvetes!

Os empresários de sucesso estão conscientes de que preço é parte primordial da equação do lucro e, portanto, não vão entregar o controle dos preços a outrem. Acreditam que, se forem capazes de compreender as necessidades dos clientes, se projetarem e embalarem a mercadoria certa e se venderem o valor que criaram, vão conseguir gerenciar o preço da mesma forma como gerenciam qualquer outro catalisador de lucro.

Empresários de sucesso não admitem que o mercado ou a concorrência fixem os preços.

Mito n.º 3 – É preciso equiparar seus preços aos da concorrência.

Esse mito é consequência da crença nos mitos 1 e 2. Diz o seguinte: supondo-se que o preço seja o problema e que seja fixado pelo mercado, é preciso que seja igual ao dos concorrentes. Se você permitir que o deles seja mais barato, então vai perder vendas. Na verdade, o único momento em que é preciso nivelar seus preços com os dos concorrentes é quando não há diferença nenhuma entre você e o concorrente. Nenhuma diferença em termos de oferta, de empresa, de marca, de *marketing* e de capacidade de venda.

Preço somente se transforma em problema quando os consumidores percebem que a mercadoria à venda é um produto de consumo, tipo *commodity*, disponível em vários estabelecimentos comerciais, de qualidade tão boa, ou tão ruim, quanto qualquer outra. Os bancos têm esse problema. Para a maioria dos clientes, uma conta-corrente é apenas uma conta-corrente, e uma hipoteca é apenas uma hipoteca. E o pior é que, de acordo com alguns estudos, todos nós, salvo raras exceções, detestamos o banco com que operamos, mas não o trocamos por outro, porque achamos que não vai fazer a menor diferença. Mais vale estrada velha que vereda nova! Nessas circunstâncias, os novos clientes provavelmente vão fazer escolhas com base no preço. Não é de hoje que os bancos estão conscientes da situação e, por conta disso, têm investido bastante para fechar novos negócios. O resultado é que as margens dos empréstimos caíram muitíssimo, segundo lhe pode dizer qualquer banqueiro, e, para compensar, os bancos inventaram as tarifas bancárias. O problema é que nós, na maioria, detestamos tarifas, o que reforça o ponto de vista de que um banco é tão insaciável quanto o outro, e, portanto, é preferível escolher o que cobra as menores tarifas. Há alguns anos, os bancos entenderam a estupidez da estratégia que usavam e agora estão trabalhando duro, buscando diferenciais em relação aos concorrentes e produtos. A maioria está achando a tarefa bastante árdua, mas alguns, como o ASB Bank, o BZN e o WestpacTrust, estão se saindo bem, melhorando a forma de atendimento aos atuais clientes. Como consequência, não precisam praticar os menores preços do mercado.

Uma lição da Starbucks

Observe como a Starbucks transformou um produto meramente funcional em emocional. Nos fins dos anos 1980, a General Foods, a Nestlé e a Proctor & Gamble dominavam o mercado americano de café. Os consumidores bebiam café como parte da rotina.

Era considerado como uma *commodity*, num segmento marcado por grandes reduções de preço e pela disputa acirrada por uma fatia do mercado. A indústria havia ensinado os consumidores a comprar com base no preço, cupons de desconto e sempre as mesmas marcas, que custaram fortunas para tornarem-se líderes. Os resultados eram margens de lucro minguadas e reduzido crescimento.

Em vez de considerar o café como um produto funcional, a Starbucks tomou a decisão de transformar o ato de tomar café numa experiência emocional, à qual os clientes se referem como "oásis de cafeína". Os três grandes vendiam um tipo de *commodity*: café na embalagem. A Starbucks passou a vender um conceito de varejo: a cafeteria. As cafeterias oferecem um ambiente sofisticado, muita classe, divertimento, conversa e diferentes sabores de café, servidos com criatividade. A Starbucks transformou o café numa experiência emocional e alçou as pessoas ao nível de peritos, para os quais o "salgado" preço de 3,00 por uma xícara de café parece razoável. Quase sem propaganda, a Starbucks tornou-se marca nacional, com margens de lucro, aproximadamente, cinco vezes maiores que a média da indústria.

Harvard Business Review

Todas essas dificuldades podem ser evitadas se você conseguir estabelecer um diferencial para o produto, construir uma marca bem distinta das outras, aprender a vender o valor extra que desenvolveu e adquirir competência em lidar com reclamações sobre preços. Nada disso é fácil, claro; mas, por outro lado, também não é nada fácil tentar obter lucro, enquanto corre atrás de um concorrente que esteja a fim de destruir as margens de lucro do setor. Se não concorda, pergunte aos supermercadistas, banqueiros, companhias de seguro, companhias aéreas, varejistas, agentes de viagem, companhias de petróleo e empresas industriais. Qualquer idiota sabe como desenhar uma cruz, riscando um número para escrever

um de valor menor logo abaixo, e muitos fazem exatamente isso! Persuadir o cliente a pagar mais é, sem sombra de dúvida, um desafio bem maior e mais compensador, pois as chances de permanecer no negócio por mais tempo vão aumentar muitíssimo. O problema não está em como os clientes interpretam o seu preço ao compará-lo com o dos concorrentes, mas como interpretam o ***valor extra*** do seu produto comparado com aquele dos produtos e serviços da concorrência. O que ocorre é que quase sempre o preço é o inimigo da diferenciação. No momento em que tiver de equiparar o preço ao da concorrência para fechar negócios, saberá que fracassou na tentativa de diferençar-se da concorrência. Aos olhos do consumidor, vai parecer mais uma empresa fornecedora de produto de consumo. Toda a sua atenção deveria estar voltada para as causas do problema e não para os sintomas.

Mito n.º 4 – É preciso reduzir os preços para atrair a freguesia.

Se você acredita nos três primeiros mitos, provavelmente dá crédito a esse, também.

O mito 4 não somente diz que preços baixos aumentam a demanda, o que, em parte, é verdadeiro, mas também que ***é obrigatório*** baixar os preços, se quer incrementar as vendas. É uma mentira deslavada. Se isso fosse verdade, os carros BMW, os relógios Rolex, as viagens na classe executiva e antiguidades raras não conseguiriam atrair tantos consumidores. Aliás, várias empresas descobriram que aumentar preços pode incrementar vendas. Quando as vendas a varejo *on-line* tomaram força, quase todo mundo esperava que os preços fossem cair. Uma pesquisa recente sobre venda de livros *on-line*, nos Estados Unidos, mostrou que essa previsão não se realizou. E tem mais, esse estudo revelou que muitas livrarias *on-line* descobriram que podiam aumentar os preços e aumentar as vendas, tudo ao mesmo tempo. Vi tal coisa acontecer, também, na Nova Zelândia. O diretor executivo de uma grande seguradora relatou-me recentemente que a empresa aumentou o preço de um dos seus produtos, passando a ser o mais caro do mercado, e que, como resultado, viu as vendas crescerem. Por outro lado, há vários exemplos de preços baixos que não resultam em aumento das vendas. Skoda e Lada confirmam essa tese.

Um desdobramento desse mito diz que, se estiver assumindo a segunda posição no mercado com um novo produto, então seu preço tem de ser inferior ao do concorrente, a fim de roubar os negócios dele. O laboratório farmacêutico Glaxo provou que essa proposição não tem fundamento, quando lançou o Zantec, remédio para úlceras, depois que o concorrente havia posto o Tagamet à venda. De acordo com o raciocínio convencional, a Glaxo deveria ter cotado o Zantec 10% mais baixo que o Tagamet, mas a alta direção da Glaxo acreditou que o Zantec fosse um produto melhor: tinha menos efeitos colaterais, interagia melhor com outros medicamentos e vinha em doses mais convenientes. A Glaxo acreditou que havia conseguido agregar valor e que poderia vender esse valor extra no mercado. Seguindo essa linha de raciocínio, cotaram o Zantec a preço mais alto que o produto da concorrência. Não obstante o preço ser superior, o Zantec tornou-se o líder do mercado. A Glaxo, então, aumentou ainda mais o preço, e as vendas continuaram em expansão.

Mito n.º 5 – É possível ser vencedor, em uma guerra de preços.

A única coisa pior que dar desconto é envolver-se numa guerra de preços. Para os negócios, essas guerras têm significado equivalente àquela brincadeira de criança em que se precisa fazer algo bem estúpido e perigoso para provar coragem, tal como no filme **Juventude Transviada**, com James Dean, no qual dois motoristas vão um de encontro ao outro, numa velocidade alucinante. O vencedor é o que não desvia, presumindo-se que sobreviva e possa ser chamado de "vencedor", e o outro, o que se esquiva, é chamado de "poltrão". Se os dois mantiverem o rumo, o resultado é um desastre calamitoso.

Como nas demais guerras, na de preço todos saem perdendo. A curto prazo, os consumidores podem ganhar alguma vantagem, até que um ou mais dos combatentes entreguem os pontos. Então, conforme o vencedor vai aumentando os preços para recuperar os prejuízos, os consumidores descobrem que não estão em situação melhor do que antes da declaração de guerra. Muito pelo contrário, em geral estão em piores condições. Assim que a Anset fechou seus negócios na Austrália, em 2001, a Qantas aumentou os preços das passagens nas rotas em que não havia mais concorrência.

É muito difícil vencer uma guerra de preços. Tudo o que o concorrente precisa fazer é ter acesso a um lápis e ir cortando os preços, mais ainda que você. Reduzir preços é um buraco sem fundo! Como Michael Porter diz, cortar preços é uma insensatez, especialmente se os concorrentes têm condições de baixá-los tanto quanto você.

Mesmo se conseguir manter os menores preços, ainda há o problema de ter de preservar a rentabilidade. Há alguns anos, a Zellers, uma grande cadeia de lojas de departamento no Canadá, reposicionou-se no mercado, objetivando praticar os preços mais baixos. O lema era: "Onde preço baixo é lei". Foi uma atitude arrojada, em um mercado no qual a empresa Wal-Mart era a principal protagonista! Não sei se tiveram sucesso em função dos preços baixos, mas fiquei sabendo que substituíram o diretor-geral e que desenvolveram uma nova estratégia, justo em tempo hábil para evitar a falência.

Evidências sugerem que guerras de preços estão perdendo a eficácia como arma para estimular vendas. De acordo com artigo publicado na **Business Week**, edição de 30 de julho de 2001, "a combinação de economia estagnada, mercado maduro e produtos mais eficientes tiraram o atrativo das guerras de preço". Nos dias de hoje, as brigas de preço estão incentivando as vendas somente de forma marginal, continua o artigo, ao mesmo tempo em que derrubam totalmente os lucros. E o mais sério é que preços e margens de lucro quase nunca se refazem, depois de terem tido problemas! Como exemplo, temos a Compaq que, em 1992, cortou 50% dos preços dos computadores pessoais, e, embora tivesse estimulado as vendas, as margens de lucro caíram de 37% para 24% e, desde aquela época, só muito raramente foram superiores a 27,4%. Assim, não obstante as vendas terem dobrado de 1990 a 1993, os lucros antes da tributação caíram de 641 milhões em 1990, baseados em vendas de 3,6 bilhões, para 616 milhões em 1993, baseados em vendas de 7,2 bilhões. No cômputo geral, as vendas dobraram, e os lucros despencaram. Isso está longe do que pode ser chamado de um bom resultado.

> *"Já se foi o tempo em que você diminuía os preços, e as pessoas compravam mais. Agora, não há consumidor para essas coisas, não importa o preço."*
> *Martin Reynolds, analista da indústria de computadores*

Não há como escapar dessa situação. Guerras de preço são destrutivas e não trazem qualquer benefício, nem para o negócio, nem para a indústria como um todo. Veja a guerra ocorrida entre as companhias aéreas, em 1992, na qual as grandes empresas de transporte americanas brigavam por centavos, numa batalha acirrada. Os resultados foram números recordes de passageiros viajando e recordes de prejuízos! De acordo com a **Harvard Business Review**, de março de 2000, alguns especialistas avaliaram que o montante de dinheiro perdido por aquelas companhias aéreas, naquele ano, foi superior à soma dos lucros para toda a indústria de transportes aéreos, desde a época do primeiro voo comercial até 1992.

MITO N.º 6 – LOJAS DE DESCONTO SE DÃO BEM PORQUE TÊM PREÇOS MAIS BAIXOS.

Há dois tipos de loja de varejo que se transformaram, nos dias de hoje, em bons negócios: lojas de preços baixos e lojas caríssimas. São as lojas do meio que estão quebrando, pois não são nem uma coisa nem outra. Assim, as lojas de descontos estão indo muito bem, embora cobrem preços reduzidos. Mas há muito mais por trás desse sucesso do que meramente preços baixos.

As lojas de desconto, como a Warehouse, e fornecedores de preços reduzidos, como o Virgin Blue, podem ter cortado os preços, mas não cortaram as margens de lucro. Foram hábeis o bastante para garantir a rentabilidade, devido à estratégia de montagem do negócio. A estrutura de custo dessas empresas tem como elemento comum o fato de ser muito inferior à dos concorrentes, devido a fatores como política de compras, nível de serviço prestado ao cliente, ou linha ou tipo de produtos que tem em estoque. Daí que, se um concorrente com estrutura de custos mais tradicional tentar equiparar-se àquelas lojas na base de preço, vai ter pela frente um caminho difícil, igual ao já trilhado pelos que se arriscaram a desafiar a Southwest Airlines.

Até mesmo para lojas de varejo barateiras, a pergunta é: o que ganhariam se aumentassem os preços em apenas alguns pontos percentuais? Posso garantir-lhes que muitos já vislumbraram essa possibilidade, e que alguns são excelentes gestores de variação de preço. A Wal-Mart, por exemplo, cujo modelo foi copiado pela Warehouse da Nova Zelândia, é varejista de baixos custos. É também a maior do mundo e está entre as cinco primeiras da revista **Fortune 500**. A Wal-Mart é conhecida como a que melhor gerencia a variação de preços, no segmento. Isso significa que cobra preços baixos naquelas mercadorias que os clientes têm a expectativa de serem bem baratas e preços mais altos naquelas outras em que os clientes não reagem tanto aos preços. É simplesmente o conceito de "âncoras", aplicado no mais alto grau de sofisticação, numa escala grandiosa e com resultados espetaculares.

Muitas lojas de desconto que se deram bem sabem que o importante é a sensação de se estar fazendo uma boa compra, e não a realidade. Sei de uma cadeia de lojas, na Austrália, que aluga, por temporada, espaços vazios em *shoppings*, depois espalha cartazes escritos à mão, anunciando mercadorias em promoção, etiqueta as mercadorias com preços bem altos e fica observando, enquanto uma multidão de consumidores entra, e montes de mercadorias saem.

Será que você pode se dar ao luxo de acreditar nesses mitos?

Não, não pode. Você não pode se dar ao luxo de acreditar nessas fantasias e fazer do fator preço a questão central. Mesmo nas fases de economia estagnada, os custos da atividade comercial só fazem subir, e alguns estão galgando a estratosfera. Veja os custos das liquidações, por exemplo. Uma pesquisa feita nos Estados Unidos indica que o custo médio do anúncio de uma liquidação aumentou em 5% no ano passado. É pior ainda para as empresas que se concentram em criar valor e oferecer soluções. Gastam o dobro em anúncios de liquidações do que aquelas que visam, simplesmente, à venda. Esses custos têm de ser cobertos, e as margens de lucro têm de ser protegidas. Insisto em dizer que o objetivo da atividade comercial é ter clientes fiéis, por longo período. A palavra chave é ***rentabilidade***.

Você está perdendo dinheiro ou, pior ainda, rumando em direção ao fracasso, por ter permitido que um ou mais desses mitos influenciassem a política de preços? Quanto lhe está custando ser controlado por essas fantasias?

Resumo

- Preço NÃO é a questão crucial. As pessoas compram muito mais por razões emocionais do que lógicas. Pesquisas mostram que preço não é o problema principal, nem mesmo para clientes corporativos.
- O mercado não fixa preço. Não há por que ficar parado, esperando para anotar os preços. Há coisas que você pode fazer a fim de persuadir os consumidores a pagarem mais.
- Não é preciso ter preços menores ou iguais aos do concorrente. O líder do mercado, normalmente, não é o que pratica os preços mais baixos. O que você precisa fazer é estabelecer um diferencial para o seu produto.
- Não há necessidade de reduzir preços para atrair negócios. Há evidências de que o aumento de preços pode resultar em incremento das vendas.
- Nem pense em guerras de preço. Você não poderá sagrar-se vencedor, nem mesmo no longo prazo. Guerras de preço são destrutivas e não trazem dinheiro. Podem arruinar o negócio e deteriorar o setor.
- Lojas de desconto podem ter boa rentabilidade, mas não em virtude de praticarem preços baixos. Na prática, têm uma estrutura de baixo custo e são excelentes administradoras de variações de preço.

Reflexões

- Que provas você tem de que os clientes se importam com os preços?
- Que fatores os consumidores levam em conta na hora da compra?
- O que você poderia fazer para persuadir os clientes a pagarem mais que o "preço de mercado" pelos produtos e serviços?
- O que mais poderia fazer para dar um diferencial a seus produtos, se comparados com os da concorrência?
- Além de baixar os preços, o que mais poderia fazer para incrementar as vendas?
- Quais os perigos de se entrar numa guerra de preços? O que você perderia? Teria condições de ganhar?
- Já acreditou em algum desses mitos? O quanto lhe custou acreditar neles?
- Que fantasias vai abandonar a partir de agora? O que vai fazer de diferente?

Capítulo 3

Algumas verdades sobre a fixação de preços

"Acreditamos que essas verdades sejam óbvias."
Declaração da Independência dos Estados Unidos

Na realidade, existem algumas verdades sobre preço. Há, entretanto, alguns grandes ditos populares proclamados tanto por consumidores ("Sempre compro o mais barato"), como por empresários ("Preços baixos estimulam a demanda"). Mas, conforme essas declarações vão sofrendo exame criterioso, as verdades nelas contidas parecem desaparecer. Um estudo mostra, por exemplo, que consumidores que dizem comprar em função de preço em geral não sabem qual a diferença entre o preço que pagaram e os preços dos produtos concorrentes. Às vezes, nem mesmo se lembram de quanto pagaram! Mesmo assim, acreditam que compraram o produto mais barato que havia no mercado. De forma semelhante, embora pareça correta a afirmativa de que "preços mais baixos estimulam a demanda", ninguém sabe realmente em que medida isso é verdadeiro. Talvez uma liquidação

"Verdades são ilusões cuja natureza ilusória esquecemos."
Nietzsche

anime as pessoas a comprarem agora, em vez de mais tarde. Talvez, realmente, aumente a demanda. Mas será que aumenta o lucro? E, em sendo positiva a resposta, será que aumenta na proporção que imaginávamos?

Há algumas poucas verdades sobre preços, embora nunca possamos esquecer o que o filósofo alemão Nietzsche disse, certa vez: "Verdades são ilusões cuja natureza ilusória esquecemos". Acho que quer dizer que nós inventamos a verdade e depois esquecemos que fomos nós mesmos que a inventamos!

Verdade n.º 1 – Preço é um fator importante.

Não há dúvida de que o preço tem papel importante quando da decisão de compra, quer se trate de clientes corporativos, quer individuais. Por isso, e em princípio, o preço praticado deve estar dentro da faixa de mercado para o segmento que se deseja atingir. Segundo a minha experiência, significa que a diferença não deve ser maior que 15% a 20% do preço dos concorrentes. Essa não é uma regra fixa, mas, se ultrapassar esses percentuais, provavelmente vai estar atingindo outro segmento.

Empresários que sofrem da "Doença do Preço Louco" jamais conseguem imaginar que alguém possa fechar uma venda se o preço for um pouco superior ao da concorrência. Isso só é verdadeiro se seu produto ou serviço não tiver mais valor que aquele ofertado pelo concorrente. Caso tenha, o fator preço perde a importância. Por causa disso, pagamos uns percentuais a mais para comprar na loja da esquina, porque é mais conveniente. Pagamos muitos percentuais a mais por roupas de grife ou jantares em restaurantes sofisticados, porque nos dão prazer. Pagamos mais por passagens aéreas, porque fazemos parte de um programa de fidelidade. Pagamos mais para tratar com um pedreiro ou um advogado, porque os conhecemos e confiamos neles. A lista é interminável. O certo é que, quanto mais

Se não tem como competir em valor, não lhe restará outra alternativa a não ser competir no preço.

valor extra você desenvolve, menor a participação do fator preço. Se você tivesse um câncer, por exemplo, e os produtos da Acme Drug fossem 50% mais eficientes que qualquer outro disponível no mercado, com certeza pagaria 50% a mais por eles. A questão se resume no seguinte: é relativamente fácil persuadir os clientes a pagarem de 1% a 4% a mais; é quase certo fazê-los pagar de 5% a 15% a mais; e é uma tarefa árdua pedir-lhes que paguem 25% a mais, salvo se tiver agregado mais valor extra que os concorrentes.

Preço é um fator importante, mas não o principal. Faz pouco tempo, trabalhei com algumas empresas que indagaram aos clientes qual a importância do preço no processo de decisão de compra, e, no geral, esse fator foi apontado como o terceiro da lista. Em alguns casos foi o segundo, mas raramente apareceu em primeiro lugar. Mesmo assim, preço é uma questão. Na verdade, em um mercado tão apinhado, você sabe que vai ter de lutar por preço, principalmente se for o líder. Sua obrigação é neutralizar a questão preço, usando-a em seu benefício. Cabe a você decidir como vai competir nesse mercado tão disputado. Pode ser com base no preço ou com base no valor. É preciso que esteja absolutamente ciente de que, se não consegue competir em termos de valor, não lhe restará outra alternativa a não ser competir no preço.

VERDADE N.º 2 – PREÇOS BAIXOS TÊM LUGAR NO MUNDO DOS NEGÓCIOS.

Preços baixos, descontos, liquidações, tudo isso tem lugar no mundo dos negócios. Liquidações e descontos, por exemplo, são muito úteis para acabar com os estoques de produtos perecíveis, obsoletos ou excedentes, e para estimular a demanda de mercadorias de consumo durável. Eventuais liquidações são capazes de incrementar vendas em períodos de calmaria ou estimular pessoas a comprarem mais do que o planejado. A oferta de produtos a preço baixo também é a estratégia usada quando se está começando um novo negócio, tentando abrir uma brecha em um segmento do mercado ou lançando produto ou serviço.

Também é uma boa maneira de expandir a fatia de mercado, desde que se possa transformá-la em um negócio lucrativo, para o futuro. Muitas empresas descobriram que conseguir uma fatia de mercado não significa, necessariamente, aumentar a rentabilidade.

Descontos também são válidos quando se consegue obter ou produzir mercadorias e serviços a custos bem baixos. Sempre que publico um novo livro, por exemplo, ofereço aos clientes especiais uma pré-edição, a preços especiais. Esse tipo de oferta dá ao cliente a impressão de que está recebendo um desconto, mas é um desconto que não me custa nada, visto que adiciono essas vendas ao número de livros que pretendia imprimir. Esse tipo de demanda, é óbvio, custa praticamente nada para ser produzido, e, em certas ocasiões, fui capaz de financiar toda a edição com a venda das pré-publicações. É de grande ajuda para o fluxo de caixa!

Preços baixos podem aumentar a rentabilidade de negócios que têm custos fixos muito altos. Para essas empresas, as vendas adicionais fornecem o extra, mesmo se as margens forem pequenas. Companhias Aéreas e indústrias que têm muito dinheiro investido nas fábricas ou, então, grandes empresas de consultoria ou varejistas com muitos funcionários, só para citar alguns exemplos, têm altos custos operacionais, mesmo que não carreguem passageiros, não fabriquem produtos e não vendam nenhum serviço ou mercadoria. Essas empresas tiram vantagens dos preços baixos, se esses forem capazes de estimular a demanda, pois quanto maior for a taxa de utilização dos recursos, mais baixo será o preço unitário.

Como vimos, algumas empresas conseguem ir além de oferecer preços baixos apenas eventualmente; fazem ofertas diárias e mantêm-se lucrativas. Isso se dá por terem desenvolvido uma estrutura de custos completamente diferente das outras do mesmo setor.

PREÇOS BAIXOS TÊM SEU LUGAR NO MUNDO DOS NEGÓCIOS.

Liquidações e descontos são úteis para:

- acabar com os estoques de mercadorias perecíveis, obsoletas ou excedentes;
- estimular a demanda por mercadorias de consumo durável;
- animar as compras em períodos de calmaria;
- atrair consumidores para a loja;
- estimular as pessoas a gastarem mais.

Oferecer preços baixos é uma estratégia útil quando for:

- inaugurar um novo negócio;
- tentar abrir uma brecha em outro segmento do mercado;
- lançar produto ou serviço;
- aumentar a participação no mercado;
- aumentar a taxa de utilização, em empresas cujos custos fixos são muito altos.

A prática diária de preços reduzidos funciona quando:

- tiver, sobre os concorrentes, uma vantagem em termos de custos;
- for especialista em administrar variação de preços.

A Southwest Airlines, por exemplo, é uma das companhias aéreas que, no mundo todo, vem apresentando lucros de forma mais consistente, o que não é um façanha sem importância, considerando-se que a maioria das companhias aéreas está à beira da falência. Grande parte do sucesso da Southwest Airlines decorre do fato de praticar preços mais baixos que a concorrência. Mas a Southwest pode fazer isso por ser relativamente nova no ramo e ter uma estrutura de custos bastante diferenciada.

Possui apenas um tipo de aeronave, o que reduz os custos de aquisição, manutenção e custos operacionais. Os voos partem de um eixo central, e o serviço de bordo é bem simples, características que reduzem ainda mais os custos operacionais. As outras companhias aéreas mais tradicionais não conseguem ter estrutura de custos semelhante e muitas tiveram de aprender, a um custo altíssimo, que não conseguem competir com a Southwest, na base de preço. Claro que podem igualar as tarifas, mas não por longos períodos. As vantagens que a Southwest obtém, em termos de custos, significam que as tarifas reduzidas redundam em perda de dinheiro para as transportadoras tradicionais, enquanto a Southwest se mantém lucrativa.

Preços baixos têm, mesmo, lugar no mundo dos negócios, mas oferecer preços reduzidos é sempre uma estratégia arriscada. Descontos, preços baixos e liquidações afetam a estabilidade da base de preço. Torna-se um hábito constante dos consumidores aguardar para comprar por preços baixos. A definição de valor que os profissionais responsáveis pela determinação dos preços normalmente usam é: ***"Valor é o menor preço que o vendedor está disposto a aceitar e o maior preço que o comprador está disposto a pagar".*** É preciso que você entenda que, ao dar desconto, é como se estivesse dizendo: "este é mesmo o preço mais baixo que vou aceitar".

"A prática continuada de dar descontos ou reduzir os preços de mercadoria de primeira linha tem a capacidade de promover a reposição completa do estoque daquela marca e de acostumar o cliente a pensar que o valor dela está sempre no nível mais baixo."

Mark Barr, Diretor Executivo da Marketing & Innovatrion, Goodman Fielder

Quando os clientes ouvem isso, ficam se questionando: "se este é o menor preço que a empresa está disposta a aceitar, por que eu deveria pagar mais, daqui para a frente?" Vai ser difícil responder a essa pergunta, uma vez que você abriu um precedente ao aceitar dar desconto nos preços. A próxima coisa que vai descobrir é que as margens de lucro e receitas estão declinando, enquanto os custos estão disparando. Uma visão aterradora!

VERDADE N.º 3 – A PERFORMANCE AFETA O PREÇO.

Essa é uma verdade! Tanto assim que, quando as pessoas reclamam do preço, estão na realidade reclamando do desempenho do fornecedor.

A ATRAÇÃO DAS PROMOÇÕES

Sem sombra de dúvida, há certas coisas que as promoções de curto prazo podem realizar. Eis a lista das razões que mais ouvimos.

- Serve para reposição de estoque (ao acabar com os produtos).
- Ajuda a alcançar a meta não cumprida de venda (mas a um custo).
- Adia a perda de espaço nas prateleiras (até a próxima ameaça).
- Consegue espaço extra nas prateleiras (por um tempo).
- Ajuda a manter-se competitivo (já fizeram isso na semana passada).
- Arranja-se algo para fazer (em vez de ir visitar uma agência).

David Ogilvy em **Pricing**

Ninguém se incomoda em pagar por algo, até mesmo tarifas bancárias, se obtiver o valor que está procurando, no produto ou serviço. Mas quando o banco não transfere o dinheiro para a conta bancária da sua esposa, conforme instruções, e o cartão

do banco não funciona como devia, então nenhum preço é baixo o bastante para compensar a ira de um marido enraivecido!

Há uma pesquisa que confirma que a *per-formance* afeta o preço. Dois estudos americanos, um do setor bancário e o outro de empresas de transporte aéreo, tiveram resultados idênticos. Os pesquisadores tomaram um conjunto de clientes como amostra, sendo que esses foram classificados em diferentes segmentos: aqueles que tinham tido de 0 a 1 problema com o banco ou companhia aérea durante o ano anterior, aqueles que haviam tido de 2 a 3 problemas, e assim por diante, até aqueles que haviam tido mais de 10 problemas. Os resultados revelaram que, praticamente, nenhum dos clientes que haviam tido de 0 a 1 problema estavam insatisfeitos com o preço que pagavam, uma pequena percentagem daqueles que passaram por 2 a 3 problemas reclamaram do preço, e quase todos que tiveram 10 ou mais problemas achavam que pagavam caro demais. A mensagem é cristalina. É preciso estar com tudo em perfeita ordem, antes de tentar persuadir os clientes a pagarem mais.

Os clientes estão reclamando do preço ou do desempenho?

Tarifas bancárias preocupam clientes.

As tarifas bancárias são excessivas, e os bancos não dão aos clientes suficientes informações sobre as tarifas, dizem as pessoas que ligam para os números 0800 dos bancos.

O serviço bancário, via telefone 0800, foi criado no ano passado, pelo Ministério para Assuntos do Consumidor, para avaliar o nível de satisfação dos clientes de banco. Os resultados mostraram que as pessoas queriam esclarecimentos sobre como as tarifas bancárias correspondiam aos custos, sobre detalhamento das tarifas nas declarações financeiras do banco e a divulgação do valor das tarifas específicas para certas operações, antes que estas fossem efetivadas.

A linha do banco recebeu 1.358 chamadas, a maioria sobre tarifas e serviços.

Muitas pessoas perceberam que não havia competição entre as tarifas e serviços dos bancos, e suspeitaram que as tarifas cobradas não refletiam os custos. Não foram poucas as que fizeram comentários sobre a falta de transparência na cobrança das tarifas.

A maioria das pessoas que acessou a linha 0800 achou que as tarifas eram excessivas e que representavam uma despesa muito alta para pequenos empresários, empregados de baixa renda e pensionistas.

Algumas pessoas que declararam ter renda de média a alta também comentaram sobre os altos custos das tarifas.

Não foram poucas as reclamações sobre os serviços, e os que acessaram o serviço telefônico observaram um declínio no nível do serviço de atendimento pessoal e que fidelidade não era um item valorizado.

Outras preocupações com os serviços bancários incluíram longas filas de espera, dificuldade de ligar para a agência e funcionários não qualificados para dar informações sobre os produtos.

Uma das pessoas que chamou o 0800 disse que o empregado do seu banco não sabia o que significava uma tarifa de gerenciamento.

Business to Business

Trapalhadas no preço da gasolina

Uma promoção surpresa no preço da gasolina, realizada no fim de semana, na qual até $0,16 foram cortados do preço da gasolina especial, fez com que não só os motoristas, mas também as empresas de petróleo ficassem confusos.

A Shell admite que as últimas promoções viraram uma bagunça, depois que os concorrentes, que a princípio haviam igualado os preços, diminuíram ainda mais, oferecendo a gasolina especial com octanagem de 96 unidades pelo preço daquela de 91 unidades; basicamente, um corte de cinco centavos por litro, para a gasolina de 96 unidades.

Conforme a derrubada de preços foi-se avolumando, durante o final de semana, a Mobil tirou cinco centavos por litro, em ambos os tipos de gasolina, derrubando a Shell, que a essa altura já havia abaixado mais cinco centavos o litro da gasolina de octanagem de 96 unidades, para manter os dois tipos com o mesmo preço.

Então, a BP entrou na briga, cortando os preços em $0,10 o litro, em ambos os tipos. Isso forçou a Shell a cortar mais cinco centavos da gasolina de octanagem de 96 unidades, uma redução total de $0,15 o litro, para honrar o compromisso de manutenção de ambos os tipos de gasolina, no mesmo preço, durante o fim de semana.

Os porta-vozes das empresas de petróleo não foram capazes de informar à Imprensa quais eram exatamente os preços praticados, antes de checarem o ocorrido na véspera.

The Christchurch Press

A pesquisa também ensina uma outra lição. Se seus clientes estão reclamando dos preços, pode ser que a insatisfação deles seja com o desempenho. Reduzir preço não vai resolver o problema do cliente, mas criar um para você. Outro dia, encontrei um exemplo disso. Estava procurando um carro novo para comprar

e comecei a ficar frustrado, porque o vendedor queria me mostrar carros sem antes perguntar no que eu estava interessado. Ao final de uma tarde de sábado de procura, estava negociando a compra de um carro e comentei com o gerente que nem uma vez, durante todo o dia de tentativa de compra, um vendedor com quem estivesse negociando perguntou-me quais as características que procurava em um carro, nem mesmo os vendedores dessa empresa. Para meu constrangimento, ele chamou o vendedor e repetiu o que eu lhe havia dito, de uma forma que o vendedor não poderia deixar de sentir-se diminuído e humilhado. Após um silêncio constrangedor, durante o qual o vendedor e eu gostaríamos de estar longe dali, o gerente acrescentou: "Então, é melhor levá-lo de volta para onde estão os carros estacionados e mostrar-lhe os mais baratos". Se havia existido uma mínima chance de comprar um carro deles, mesmo que eu vivesse 100 anos, ela desapareceu em uma fração de segundo.

VERDADE N.º 4 – QUANTO MAIS SIMPLES, MELHOR.

Pesquisas revelam que, quando se trata de política de preços, quanto mais simples, melhor. Infelizmente, a maioria das empresas e, por falar nisso, também as agências governamentais, enveredaram durante os últimos anos por modelos de política de preço cada vez mais complexos, numa tentativa de mascarar o que as pessoas realmente estão pagando pelas mercadorias e serviços. Houve uma época em que se podia, num relance, saber quanto se pagava ao governo federal em impostos, ao governo municipal em taxas e às empresas, como os bancos, em tarifas. Hoje, porém, graças aos modelos de fixação de preço, fica difícil saber quanto exatamente uma mercadoria ou serviço está custando. Quanto, por exemplo, você paga ao governo federal, por ano? Adicione o que paga em imposto de renda, ACC (Indenização por Acidente), GST (Imposto sobre Mercadorias e Serviços), taxa rodoviária inserida no preço da gasolina, tributos embutidos nas bebidas alcoólicas e cigarros, e outras tarifas pagas pelo usuário, e vai acabar tendo de concordar com o sujeito que sugeriu que o formulário de imposto de renda poderia ser simplificado para duas linhas: "Quanto ganhou no ano passado? É isso que deve pagar!"

> *"O princípio do usuário pagador tem efeito de uma mordida considerável no bolso dos consumidores, por tratar-se de pagamento de coisas intangíveis. Quando precisam efetuar uma transação bancária, a sensação que têm é a de não estarem recebendo nada em troca, daí ser tão importante fazer com que os clientes percebam que estão recebendo valor."*
>
> *John McFarlane, Diretor Executivo do Banco ANZ, na Austrália*

Não é surpresa, então, que haja uma crescente reação dos clientes individuais e corporativos. Todos querem transparência nos preços. Querem saber pelo que estão, realmente, pagando. Sem sombra de dúvida, as pesquisas revelam que esses métodos complicados de determinação de preço estão desanimando os clientes. É uma lição que as maiores empresas de telecomunicação nos Estados Unidos aprenderam nos últimos anos. Enquanto estavam empenhadas em achar maneiras mais criativas de roubar os clientes dos concorrentes, passaram a desenvolver modelos cada vez mais complexos de determinação de preço. Finalmente, o consumidor sentiu-se tão pressionado que se recusou a trocar de empresa.

A lição é manter um sistema simples de fixação de preço. Facilitar para que as pessoas entendam quanto estão pagando e o que estão recebendo em troca. Vou repetir inúmeras vezes: os clientes não querem preços baixos, querem valor, qualidade. Como avaliar a qualidade do que estão comprando se não podem, com facilidade, comparar as vantagens que recebem com o preço que pagam? E tem mais: custos escondidos, por definição, surgem como uma surpresa. E clientes não querem surpresas. Aprenderam, há anos, que 90% das surpresas nos negócios não são surpresas boas!

VERDADE N.º 5 – VOCÊ VAI TER DE VENDER MAIS.

Se você força os preços para baixo e não reduz os custos, vai ter de aumentar as vendas, para manter a lucratividade. A maioria das empresas reduz os preços para aumentar as vendas, porém não faz a menor ideia de quanto as vendas precisam crescer para cobrir a redução da margem de lucro. E você, sabe? Quando conseguir entender esse número, talvez chegue à conclusão de que o aumento de vendas de que precisa é grande demais para justificar uma liquidação ou dar um desconto. A tabela a seguir, produzida pela Results Corp, em Queensland, é um guia útil para calcular quanto as vendas teriam de crescer, para compensar a redução de preços, considerando-se que os custos permanecem os mesmos e que seja preferível manter o mesmo nível de lucratividade.

Se sua atual margem de lucro é de									
	20%	25%	30%	35%	40%	45%	50%	55%	60%
e você reduz o preço em	para ter o mesmo lucro, o volume de vendas deve crescer								
2%	11%	9%	7%	6%	5%	5%	4%	4%	3%
4%	25%	19%	15%	13%	11%	10%	9%	8%	7%
6%	43%	32%	25%	21%	18%	15%	14%	12%	11%
8%	67%	47%	36%	30%	25%	22%	19%	17%	15%
10%	100%	67%	50%	40%	33%	29%	25%	22%	20%
12%	150%	92%	67%	52%	43%	36%	32%	28%	25%
14%	233%	127%	88%	67%	54%	45%	39%	34%	30%
16%	400%	178%	114%	84%	67%	55%	47%	41%	36%
18%	900%	257%	160%	106%	82%	67%	56%	49%	43%
20%	---	400%	200%	133%	100%	80%	67%	57%	50%
25%	---	---	500%	250%	167%	125%	100%	83%	71%
30%	---	---	---	600%	300%	200%	150%	120%	100%

Ref: Results Corp, QLD

VERDADE N.º 6 – OS CLIENTES VÃO PAGAR MAIS.

Em que os consumidores gastam dinheiro, hoje, que cinco anos atrás nem imaginariam comprar?

É a verdade mais difícil de ser aceita. Nos seminários que coordeno, muitas vezes vejo pessoas tendo dificuldade de concordar com essa verdade. Elas querem aprender como persuadir os clientes a pagarem mais, mas, por mais que se esforcem, não acreditam que isso possa ser feito.

Quando pergunto às pessoas: "em que você, hoje, gasta dinheiro, que cinco anos atrás nem sonharia em comprar?" A resposta mais comum é "água". Imagine se, há cinco anos, eu tivesse sugerido a alguém que investisse $50.000,00 em um novo negócio, para vender água para os neozelandeses! Provavelmente, teria achado a ideia ridícula. Afinal, não está faltando água potável para beber. Mas observe o tamanho desse setor, atualmente. Outro dia, ouvi no rádio que o ensino para estudantes estrangeiros, na Nova Zelândia, está na lista dos 10 maiores setores que recebem dinheiro do exterior, em nível muitas vezes superior ao da indústria vinícola. Quem haveria de pensar nisso, cinco anos atrás?

Medo, em vez de raciocínio lógico, é o que nos impede de aumentar os preços.

Ninguém é obrigado a dar desconto para fechar uma venda; muito pelo contrário, pode até aumentar os preços. Mas a maioria das pessoas tem medo de fazer com que os clientes paguem mais. Medo, em vez de raciocínio lógico, é o que impede as empresas de aumentarem os preços. Medo de que os clientes protestem contra o preço e de não saber como reagir às objeções. Medo de que os clientes se recusem a pagar preços mais altos e mudem de fornecedor. Medo de que os chefes reclamem que estão vendendo pouco e de não saber como explicar os resultados pífios. As pessoas acabam concordando com descontos, porque têm medo de perder vendas. Melhor cortar 80% do preço do que não vender nada, é o que passa na cabeça das pessoas. É mais fácil justificar não vender pelo preço inteiro, do que explicar que perdeu a venda. "Os clientes não estão dispostos a pagar tanto", é o que sempre podemos ponderar com o chefe. "Nosso concorrente está vendendo por menos. Temos de igualar nosso preço ao do mercado".

Livros baratos na web? Pura ficção.

Os preços não foram cortados até a raiz

Na verdade, o preço dos livros constantes da lista dos mais vendidos do **Times**, e outros títulos, tiveram uma curva ascendente. Aparentemente, alguns varejistas virtuais, sob pressão para tornarem-se mais lucrativos, concluíram que poderiam diminuir os descontos, isto é, aumentar os preços e, mesmo assim, conquistar clientes.

BusinessWeek

Esse é um medo que vale a pena ser vencido. As vendas no varejo, na Nova Zelândia, em janeiro de 2001, foram 7% superiores às de janeiro de 2000. O aumento dos preços, entretanto, representou 4% daquele incremento de receita. Se os varejistas tivessem sido mais medrosos ainda, o aumento dos preços mal teria acompanhado a inflação.

Aumentar os preços não é tão difícil quanto julgam as pessoas. Há poucos meses, conversava com um casal proprietário de um mercado. Ambos haviam assistido a uma das minhas palestras sobre sucesso empresarial e, ao término, aproximaram-se e pediram alguns conselhos sobre como gerir o negócio. Parecia que os rendimentos haviam caído bastante no ano anterior, e perguntavam se eu tinha alguma ideia do que poderiam fazer. Perguntei-lhes o que sabiam sobre os clientes e informaram que a maioria vinha entre 4 e 6 da tarde e, em geral, comprava comida para o jantar. "Está me parecendo que estão comprando por conveniência", disse. "Nesse caso, o que importa mais para os clientes é que tenham as prateleiras cheias de mercadoria e também uma grande variedade de alimentos". Disse-lhes que não acreditava que preço fosse um diferencial e, então, sugeri que aumentassem os preços. Foram duas horas de discussão sobre se poderiam fazer isso. Logo de início, admitiram estar receosos de aumentar os preços, caso os negócios continuassem a cair. Por fim, eu já não tinha mais argumentos e ponderei: "Disse-lhes tudo o que sabia. A próxima jogada é com vocês".

Meta – Objetivar ter 10% menos clientes.

Quatro meses depois, e por acaso, encontrei-me com eles. "Bem, fizemos o que sugeriu", disseram-me. "Numa sexta-feira, depois que os empregados saíram, chamamos uns amigos e remarcamos tudo na loja. Aumentamos todos os preços em 3%. Não contamos para ninguém o que havíamos feito, nem mesmo aos empregados. E sabe o que aconteceu? Ninguém notou! Nenhum cliente disse nada. Nem mesmo os empregados comentaram sobre o aumento nos preços. Mas pudemos sentir a diferença, porque nossa receita está quase chegando a $80.000,00 por ano!" Passadas algumas semanas, estava contando essa história ao Diretor Executivo de uma das maiores empresas neozelandesas. "Muito interessante", comentou quando terminei, "porque ano passado estávamos em dúvida se aumentávamos o preço de um dos nossos principais produtos. Depois de muita discussão, assumimos o risco e as vendas dispararam. Não só a receita, mas as vendas!" Um pequeno incremento de preço não vai provocar uma debandada dos clientes, mas promover uma grande diferença nos resultados financeiros.

Sempre que conto essa história, as pessoas me dizem "Bem, agora que mencionou, realmente aumentamos os preços no ano passado e ninguém notou". Quando cogitamos em aumentar os preços, automaticamente pensamos nos clientes que vão opor resistência. Podemos antever a expressão contrariada e as objeções. Sabemos que não vai ser uma venda fácil. Mas a regra "80/20" ensina que 80% das vendas ou receitas virão de 20% dos clientes que provavelmente não vão reclamar e nem mesmo percebem a elevação dos preços. Ao subir os preços, pode perder alguns clientes, mas esses, com certeza, são representativos de baixa margem de lucro e rentabilidade. Será que não estaria melhor sem eles? Eis um pensamento maluco: o que aconteceria se sua meta para o próximo ano fosse perder 10% de clientes, mas aumentar os preços em 5%, para os clientes que retiver? Não é uma ideia idiota. Muitos diretores e gerentes mais experientes começam a entender que já se deu atenção suficiente à atividade de cortar preços e que, agora, é hora de trocar o foco e mirar no alto.

A questão não é se os clientes vão pagar mais, mas o que você precisa fazer para que eles paguem mais.

Verdade n.º 7 – Preço não é um ponto fixo.

Na maioria das vezes, as discussões sobre determinação de preços dão a impressão de que preço é um ponto fixo, numa realidade objetiva. Na verdade, não é. Antes de mais nada, preço tem a ver tanto com sentimento quanto com realidade. Todos queremos um negócio vantajoso, mas o que é um negócio vantajoso? O que para um cliente pode ser um negócio vantajoso, para outro é jogar dinheiro fora ou, até mesmo, para um terceiro, um verdadeiro assalto. Tudo depende do que o cliente considera como valor.

> *Qualquer idiota pode reduzir preços. É preciso habilidade, fé e perseverança para competir em valor.*

O que constitui um bom preço também varia de acordo com as expectativas dos consumidores. Um estudo, por exemplo, revelou que os consumidores estavam mais dispostos a pagar $20,00 por um CD, se ele estivesse exposto à venda perto de agasalhos custando $80,00, do que exposto perto de agasalhos de $10,00, mesmo que as pessoas que comprassem os CDs não estivessem interessadas em comprar agasalhos. Os consumidores, na maioria, acreditam comprar de maneira sensata, porém a percepção que eles têm dos preços é distorcida por experiências anteriores, mensagens de propaganda e, mesmo, por preços de mercadorias que não têm nada a ver com o que vão comprar. Daí se conclui que as mercadorias mais caras devem estar expostas no início do catálogo, no início da lista de preços ou no início da fatura. Os preços dos produtos mais baratos colocados no final da lista vão parecer ainda mais baratos por conta da comparação, mesmo que sejam mais caros do que aqueles que o cliente poderia encontrar em outro lugar.

Preços, por conseguinte, não são pontos fixos. Eles flutuam numa banda. Praticamente, todas as pessoas envolvidas em comércio estão familiarizadas com o conceito de margem de preços; muitas, porém, não se dão conta de que, assim que se chega perto do limite de uma faixa, é melhor ultrapassá-la de uma vez e fixar o preço perto da faixa superior. Por exemplo, caso você decida aumentar o preço de $9,95, assim que ultrapassar a barreira dos $10,00, não fixe o preço em $11,95 ou mesmo em $13,95. Existem maiores probabilidades de que o cliente vá comprar se você cobrar $14,95. Isso acontece porque, ao fixar o preço um pouco acima da faixa de $10,00, faz com que pareça caro, enquanto fixando-o um pouco abaixo do limite dos $15,00 dá a impressão de barato, conforme ensina o consultor australiano de varejo, John Stanley.

Resumo

- Existem apenas algumas verdades sobre fixação de preços e elas devem ser examinadas com certo ceticismo.
- **Verdade n.º 1 –** Preço é um problema, mas não é o fator mais importante.É sua obrigação neutralizar a questão preço.
- **Verdade n.º 2 –** Liquidações, descontos e preços arrasadores têm importância no mundo dos negócios. Podem aumentar o movimento de vendas. Tal aumento de vendas, porém, traz um custo. Avalie qual seria esse custo antes de reduzir preços.
- **Verdade n.º 3 –** A *performance* afeta o preço. Se os clientes encontram uma mercadoria ruim ou um serviço de qualidade inferior, vão reclamar do preço.
- **Verdade n.º 4 –** Simplicidade é melhor. Os consumidores não gostam de sistemas complexos de fixação de preços e odeiam taxas e cobranças escamoteadas. Seja transparente ao fixar preços.
- **Verdade n.º 5 –** Se pretende manter as margens de lucro depois de reduzir os preços, vai precisar vender mais, salvo se puder reduzir os custos. Descubra o quanto terá de vender a mais, antes de baixar os preços.
- **Verdade n.º 6 –** Os clientes vão pagar mais. Na verdade, dizer "não" para os descontos e aumentar os preços é mais fácil do que se pensa.
- **Verdade n.º 7 –** Preço não é um ponto fixo. Encontra-se dentro de uma margem. Fixe o preço um pouco abaixo do extremo superior de uma faixa e não um pouco acima.

Reflexões

- Em quais produtos ou serviços você está oferecendo descontos, preços baixos e promovendo liquidações?
- Que vantagens está obtendo com isso?
- Quanto lhe está custando conseguir essas vantagens?
- Vale a pena?
- De que modo poderia melhorar a estratégia de fixação de preços?
- Que problemas de *performance* você tem e que poderiam fazer com que os clientes reclamassem dos preços?

Capítulo 4

O importante é saber a que o cliente dá valor

"As coisas valem o que os compradores estão dispostos a pagar."
Publilius Syrus, I a.C.

É uma linda manhã de outono, e o avião desliza por um céu de brigadeiro, antes de pousar na escala final. Ótimo, pensei, parece que vamos aterrissar cinco minutos antes. Para mim fazia diferença, porque estava indo visitar um cliente, que sempre marca a primeira reunião às 9h30. Mesmo que o avião chegasse no horário programado de 9h10, teria apenas 20 minutos para dirigir os 30km que separam o aeroporto da cidade onde fica o escritório dele. E não era uma viagem fácil, pois as estradas eram constantemente varridas por vento forte e, em geral, estavam molhadas. Mas hoje vão estar secas, e terei cinco minutos extras para dirigir numa velocidade moderada.

Bem-humorado, cruzei a passos largos o modesto terminal para pegar o carro alugado, cuja reserva havia sido feita com muitas semanas de antecedência, e acabar descobrindo que não havia carro disponível para mim. Parecia que o carro que pretendiam me dar fora entregue em outra cidade. Minutos valiosos escorreram por entre os meus dedos, enquanto ouvia a gerente balbuciar desculpas sem sentido e explicações demasiadamente longas, cujo objetivo era livrá-la daquela situação vexatória. Quando ficou quieta, seu semblante implorava que eu viesse salvá-la, oferecendo uma solução. Talvez esperasse que eu reagisse, dizendo que não dava a mínima para o carro e que seria um prazer entrar de volta no avião e ir para casa! Talvez esperasse que eu dissesse que adorava caminhar. Quando continuei calado, ela sugeriu que a locadora pagasse um táxi para me levar ao destino. Mais tarde, naquele dia, ela avisou que iriam entregar um carro no local onde eu estava trabalhando, de modo que poderia dirigir de volta para o aeroporto. "Tudo bem para mim", disse para animá-la.

> *"Pedimos desculpas, dr. Brooks, mas não temos um carro para o senhor, hoje."*

Fomos para a parte externa do terminal, onde mais alguns minutos foram perdidos, conversando com o único motorista de táxi no ponto. Infelizmente, já estava ocupado. Mais alguns minutos foram gastos ligando para uma empresa de táxi. Quinze minutos depois, um carro apareceu, e, finalmente, eu estava a caminho, mas àquela altura já eram 9h35. Finalmente, cheguei ao cliente, atrasado, é claro. Vinte e cinco minutos de atraso. Enquanto pedia desculpas ao pessoal que me aguardava, pensei comigo mesmo que o mais impressionante é que nada disso precisava ter acontecido. Teria sido bem diferente se o pessoal da locadora tivesse compreendido que eu não queria um de seus carros; meu único interesse era chegar ao cliente. Como não se deram conta disso, perderam um tempo precioso se preocupando com o carro e se desculpando por não ter nenhum disponível. Se a locadora tivesse entendido qual era o valor que eu procurava no seu produto, teria colocado um táxi à disposição. Então, quando saísse do avião, teriam rapidamente explicado a situação e aberto a porta, enquanto eu entrava no carro que estaria me aguardando. Uma situação desagradável teria se transformado numa experiência agradável, pois não só teria mais tempo para aproveitar uma manhã tão ensolarada, como teria alguém dirigindo para mim.

VOCÊ É PAGO PARA CRIAR VALOR.

Os clientes não querem seus produtos ou serviços; querem o que os produtos e serviços podem fazer por eles.

No meu livro **Ganhando mais**, sugeri que fazer negócio é a atividade de criar valor. Dois anos e meio, e mais de mil palestras depois, estou ainda mais convencido de que criar valor para o cliente não é apenas importante para seu negócio, é o próprio negócio.

Você é pago para criar valor. Os clientes não querem seus produtos ou serviços; querem o que os produtos e serviços podem fazer por eles. É imperioso que todos na sua empresa compreendam isso, porque, num mercado tão apertado e competitivo, aqueles que fornecem melhor valor vão prosperar, ao passo que os demais vão morrer pelo caminho.

É por isso que a primeira etapa para persuadir os clientes a pagarem mais é oferecer mais valor que os concorrentes. De fato, você não vai conseguir persuadir seus clientes a pagarem mais se não oferecer valor, pois, quando uma empresa cria, vende e fornece valor, isso provoca impacto direto nos preços que as pessoas estão dispostas a pagar. Uma pesquisa do Instituto Gallup, realizada nos Estados Unidos, em 1997, entre 1.000 clientes de banco, revelou que 49% deles achavam que as tarifas bancárias eram muito altas. Esses clientes, entretanto, não estavam reclamando do alto preço das tarifas, mas da inexistência de valor naquilo que estavam recebendo. A quantidade de dinheiro que gastavam não parecia condizente com os benefícios que acreditavam receber. A prova concreta disso é que, na mesma pesquisa, 20% deles disseram que haviam mudado de banco, recentemente, por conta da precariedade do

As empresas que conseguem ofertar valor extra aos clientes têm uma média de margem de lucro, decorrente das vendas, três vezes superior àquelas que têm uma oferta de valor inferior. Pesquisas revelam que valorizar aquilo que o cliente deseja tem impacto direto nos resultados financeiros de uma empresa.
Quality Progress

serviço ao cliente, seguida pelos fatores tarifas e juros bancários. Esses clientes estavam questionando: "Onde está o valor?"

ENTENDA O QUE OS CLIENTES ESTÃO COMPRANDO.

É muito mais fácil criar e comunicar valor se conseguir entender o que os clientes estão comprando. Como vimos no exemplo da locadora de veículos, a maioria das empresas não percebe isso. Estão focalizadas nos próprios produtos e serviços, não no valor que os clientes esperam receber.

Será que os clientes ficam se perguntando:
"Onde está o valor?"

Certa vez, estava apresentando um seminário sobre estratégia de planejamento com diretores e executivos de uma grande empresa da área de petróleo e perguntei-lhes qual era o tipo de negócio em que estavam.

"Estamos na indústria de petróleo, naturalmente", o Diretor Executivo respondeu, enquanto olhava para mim, como se eu tivesse perdido o rumo.

"Acho que não", contestei, dando margem para confirmar as suspeitas dele a meu respeito.

"Ouça, rapaz, nós gastamos muito tempo e dinheiro procurando petróleo. Quando o encontramos, vem a prospeção. Depois da prospeção, vem o refino. E depois que o refinamos, vendemos o produto refinado. Estamos no negócio de petróleo!", explicou.

"OK, OK," disse. "Tudo isso está muito claro. O problema é que nunca encontrei ninguém que acordasse pela manhã e dissesse: 'Oba! Hoje vou ter a oportunidade de comprar 50 litros de gasolina'. Quem quer esse troço? Mesmo que pudesse pagar, é tóxico e fedorento! O que as pessoas querem é dirigir o carro e ir para o trabalho; ou sair com o barco da marina e ir atrás de peixe; ou dar partida na máquina de cortar grama e tornar o jardim bonito, porque uns parentes de longe estão chegando. Elas não querem gasolina. Querem o que a gasolina pode fazer por elas".

A locadora de automóveis achava que estava no negócio de aluguel de carros, quando na realidade está no negócio de fazer as pessoas chegarem aonde querem ir. A empresa petrolífera pensava estar no ramo de petróleo, quando os clientes estão atrás de transporte, casas aquecidas e gramas aparadas. Revendedores de carros acham que estão vendendo carros, enquanto os clientes estão comprando transporte, segurança, luxo ou prestígio. O legislativo municipal, os conselhos distritais e regionais acham que

Você consegue compreender o que os clientes estão comprando?

estão no negócio de governo local, enquanto os consumidores estão buscando qualidade de vida. Empresas de telefonia acham que estão vendendo telecomunicações, enquanto os consumidores querem estar conectados. Você consegue compreender o que os clientes estão comprando?

Se deseja persuadir os clientes a pagarem mais, tem de transformar atividade de agregar valor no foco principal do negócio, porque os clientes fazem da atividade de comprar valor o foco principal do negócio ***deles***. Para criar valor extra, primeiro é preciso compreender o conceito de valor, para depois entender a que exatamente os clientes dão valor.

Venda o que os clientes querem comprar.

O que é valor?

Valor, obviamente, é um conceito subjetivo e, em última instância, somente pode ser determinado pelo cliente. Idade, sexo, posição financeira vão condicionar o sentido de valor, do mesmo modo que as experiências anteriores ou aquilo que as pessoas têm escutado os outros falarem. Mas os seres humanos não são assim tão diferentes entre si quanto gostaríamos de pensar. Como membros da mesma combinação genética, compartilhamos características físicas e mentais, e habitamos o mesmo ambiente físico.

A verdadeira questão é sempre o valor. Você estaria interessado em comprar um hambúrguer pelo simples fato de ser barato, sem se incomodar com o sabor?

Na verdade, são mais numerosas as coisas que temos em comum do que as que nos diferenciam. Por conta disso, compreendemos, de forma genérica, o que vem a ser valor. Valor = Vantagem – Custo. Acredito que essa equação, simples porém poderosa, pode ser usada para guiar nossas atividades empresariais, para entender as decisões de compra dos consumidores e determinar as estratégias de fixação de preços[1].

AS VANTAGENS RESOLVEM PROBLEMAS.

Os consumidores não querem ouvir a palavra "não".

As pessoas vão às compras porque têm uma ***necessidade***. Se essa necessidade não é satisfeita, passam a ter um ***problema***. Então, quando vão às compras, buscam uma ***solução*** para aquele problema. As vantagens são os atributos do produto ou serviço que os consumidores acreditam ser a solução para os problemas deles. A principal estratégia de seu negócio deveria ser fornecer, tanto aos atuais como aos futuros clientes, mais vantagens que os concorrentes. Quanto mais você se dá conta dos problemas dos clientes e quanto mais se dispõe a desenvolver soluções para esses problemas, mais valor estará criando e menos importância terá a questão preço.

1. Para mais informações sobre criar valor extra para o cliente, veja **Ganhando mais: como criar valor para você e sua empresa**, Ian Brooks, Editora Fundamento.

O que muitos empresários não conseguem compreender é que o problema do cliente é o único motivo para eles terem um negócio. Por exemplo, quando estava construindo uma nova casa, contratei duas equipes para trabalhar no projeto. Foram excelentes, mas, depois de terminarem e assumirem uma outra obra, observei um pequeno vazamento. Já que um dos grupos estava trabalhando na vizinhança, fui falar com eles. Era hora do almoço quando cheguei, e estavam sentados tomando sol, lendo jornal, aproveitando o descanso. "John", dirigi-me ao chefe, "eu estou com um pequeno problema".

"Bem, não traga seus problemas para cá", respondeu, de má vontade.

O que ele estava tentando me dizendo? "Não quero o seu negócio!"

Claro que você e sua equipe são espertos demais para falar assim com os clientes, mas com que frequência alguém da sua empresa dá um "não" como resposta? Algo como as frases abaixo?

- "Desculpe, amigo, não podemos entregar hoje."
- "Não, não temos isso."
- "Não, não sei quem trabalha com esse produto."
- "Não, não sei a quem poderia ligar para obter essa informação."
- "Não, não dá para pagar dessa forma."
- "Não, não podemos botar esse tipo de informação na fatura."

Os consumidores não querem ouvir a palavra "não". Vêm até você porque têm um problema e, portanto, procuram uma solução. Aceitam que talvez você não tenha a solução que procuram, mas, nesse caso, esperam que possa ajudá-los a encontrar alguém que tenha. Valor ou se cria ou se destrói. Não há meio-termo. Quando diz "não" está destruindo valor, porque o cliente investiu tempo vindo até você, mas não recebeu nada em troca. Pagou um custo, mas não recebeu nenhuma recompensa. Assim, no que tange a ele, a conta de valor está a descoberto.

Se pretende criar valor extra para o consumidor, é preciso que seja uma pessoa que sempre responde "Claro que posso fazer", que entende que o único motivo para estar no mundo dos negócios é porque os clientes têm problemas e que estão dispostos a pagar para vê-los resolvidos. É preciso compreender que você só tem duas opções: ou ajuda o cliente a resolver o problema, ou não o ajuda. Mas também deve entender que, se não o ajuda, o problema que ele tem não vai desaparecer. E você perdeu a oportunidade de criar valor. Para falar a verdade, não só deixou escapar a chance de agregar valor, como criou uma oportunidade para o concorrente. Afinal, em se tratando de negócios, nenhuma oportunidade é realmente perdida. Se "deixar cair a peteca", tem sempre alguém vindo atrás, pronto para tirar proveito da situação.

> *"Praticamente todas as operadoras que nos procuram para fazer negócio aparecem com uma lista de preços, não demonstrando interesse nenhum em conhecer as nossas necessidades comerciais, nem mesmo em examinar como poderiam resolver nossos problemas."*
>
> *Len Morrison, sócio da Accenture. Morrison compra serviços telefônicos para 70.000 pessoas, em 46 países. Citado no* **The Times**, *de 26/01/01*

A psicologia da compra

Todas as pessoas são impelidas por necessidades.

A necessidade não satisfeita se transforma em um PROBLEMA.

O problema do cliente é a razão de você estar no mundo dos negócios.

As pessoas vão às compras em busca de SOLUÇÕES.

Qualquer característica de seu produto ou serviço que resolva o problema das pessoas é considerada uma VANTAGEM.

Qualquer característica que não resolva o problema dos consumidores é considerada um desperdício.

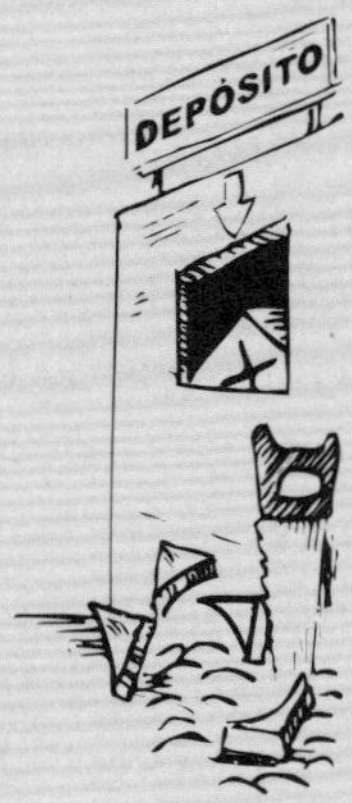

Qualquer coisa que o consumidor gastar, seja dinheiro, tempo ou esforço físico, será considerado como CUSTO.

Os clientes vão encontrar valor e comprá-lo, se acharem que as VANTAGENS SUPERAM OS CUSTOS.

Os consumidores não querem ouvir "não", porém é igualmente perigoso dizer "sim". Isso porque, na maior parte das vezes, os clientes não lhe contam o problema que estão querendo resolver, apenas pedem uma solução. Pode ser que estejam querendo a solução errada, é claro, pois não conhecem o seu negócio tão bem como você. Uma regra prática é que, embora os clientes estejam sempre certos com referência ao problema que têm, em geral estão equivocados quando se trata da melhor solução. Se você, simplesmente, fornece aos clientes a solução que pediram, e estiver errada, pode se dar mal quando descobrirem que a solução não é boa, pois vão culpá-lo por isso. Portanto, antes de dizer "sim" ou "não" aos clientes, faça perguntas para ajudá-los a compreenderem o problema que estão tentando resolver. Poderia dizer, por exemplo: "podemos atendê-lo, mas antes permita-me fazer uma pergunta idiota. Para que deseja isso?" Ao ouvir a resposta, vai se pegar argumentando: "se é isso que pretende alcançar, então pode ser que ache que essa outra solução funcione melhor".

O cliente tem sempre razão quando se trata do problema, mas, em geral, está errado quanto à melhor solução.

Se está no negócio de vendas de empresa para empresa, seus clientes estão comprando por uma única razão: ganhar ainda mais dinheiro. Estão comprando algo rentável, e o melhor que você tem a fazer é vender. O segredo para criar valor extra, então, é tomar ciência do próprio negócio e do negócio do cliente. Quantos de nós podemos afirmar que fazemos isso? A Associação Nacional de Gerentes de Compra dos Estados Unidos realizou uma pesquisa entre os associados e mostrou que 75% deles achavam que seus fornecedores não faziam a menor ideia dos negócios dos clientes. Alguns comentaram: "Meus fornecedores não entendem o suficiente sobre o meu negócio para entabular uma conversa inteligente comigo". Se você fosse visitar um dos clientes e não falasse sobre seus próprios produtos e serviços, sobre o tempo, ou os resultados dos últimos jogos de futebol, seria capaz de manter uma conversa inteligente com eles? A maioria de nós sabe muito bem como os clientes compram e usam os produtos e serviços, mas sabe pouco sobre os negócios deles. Desconhecemos quais sejam os objetivos, as estratégias que planejam usar para alcançar tais objetivos e quais problemas têm de enfrentar pelo caminho.

O raciocínio funciona igual para vendas diretas aos consumidores. Quando compram, fazem-no com vistas a manter ou melhorar o estilo de vida. Estão comprando qualidade de vida e, de novo, o melhor que você tem a fazer é vender. Exatamente como acontece com clientes corporativos, se deseja fazer com que os clientes individuais fiquem satisfeitos, você tem de descobrir quais são os objetivos deles, entender o que estão tentando fazer para alcançar esses objetivos e identificar os obstáculos que encontram pelo caminho. Não importa se você vende qualidade de vida ou rentabilidade, quanto mais aprender sobre os problemas dos clientes melhor para você, porque cada problema é uma oportunidade para agregar valor.

AGREGAR VALOR

O Departamento de Administração Aeroportuária da Inglaterra transformou o terminal 4, do Aeroporto de Heathrow, num fantástico *shopping*, repleto das lojas mais elegantes do mundo. A Starbucks transformou uma singela xícara de café em um evento social. A Prêt à Manger, com sede na Inglaterra, montou uma cadeia de lojas de sanduíche que, com um cardápio de baguete de frango com uvas e salada de cuscuz marroquino, oferece uma deliciosa alternativa ao hambúrguer com batatas fritas. E a Companhia Aérea Southwest botou todo mundo no ar.

Sales and Marketing Management

DÊ ALGO EXTRA AOS SEUS CLIENTES.

Para criar mais valor que os concorrentes, é preciso agradar os clientes, dando-lhes alguma coisa extra. Esses agrados são as soluções para os problemas que os clientes adorariam que você solucionasse, embora, na realidade, não estejam esperando que o faça. Quando você os resolve, ficam surpresos e muito bem impressionados com você.

O setor de táxis é um negócio bem difícil, hoje em dia. Com a desregulamentação ocorrida em muitos países, há um excesso de táxis, e o preço transformou-se em problema. Motoristas de táxi trabalham muitas horas e, em geral, pouco têm para mostrar no final da jornada. O problema é que quase todos os táxis têm a mesma aparência e oferecem a mesma gama de serviços.

Não faz muito tempo, tomei um táxi em Toronto, no Canadá, e lá estava eu sentado em um Ford LTD, que é um supercarrão. O motorista usava paletó e gravata, e estava elegante. Enquanto íamos pela rodovia em direção ao centro, indagou-me sobre o tipo de música que eu gostaria de ouvir. "Perdão?", eu disse.

"Que tipo de música gostaria de ouvir, senhor? Diga-me e encontrarei a estação no rádio. Prefere *jazz, rock* ou música popular? Talvez algo mais suave, clássico ou programa de entrevistas no rádio?"

Respondi que música clássica seria bom e relaxei para ouvi-la.

"Senhor", falou. "Já que acabou de chegar, talvez queira saber as últimas notícias. Há três jornais de hoje, no encosto da cadeira a sua frente".

Peguei o **Globe & Mail** e passei os olhos nas manchetes.

"Gostaria de algo para beber, senhor?", perguntou-me o motorista, passados alguns minutos. "Uma xícara de café ou chá?"

Respondi que um café ia bem.

"Normal ou sem cafeína?"

"Normal, por favor."

"Com ou sem leite?"

"Com, obrigado."

"Prefere leite ou creme?"

Escolhi leite e, não, não queria açúcar.

Daí servi-me das garrafas térmicas que me ofereceu. Acho que ele ainda não aprendeu como servir café, enquanto dirige a 100km por hora numa rodovia de 16 pistas, mas tenho a certeza de que, um dia, vai conseguir!

Contei essa história numa conferência, e alguém indagou se havia pago por esses extras. Tive de admitir que não sabia ao certo, mas imaginava que sim. Porém, não importava, porque o serviço era muito bom. Mas a diferença de dinheiro era importante para o motorista. Três

Agrade os clientes, dando-lhes alguma coisa extra.

a quatro dólares a mais por viagem, seis ou sete vezes por dia, cinco ou seis dias da semana, 48 a 50 semanas ao ano fariam uma diferença substancial. E, praticamente, tudo seria lucro, porque os custos de fornecimento dessas vantagens eram irrisórios. Estou certo de uma coisa: quando ele me deu o cartão de visita, depois de ficar sabendo que eu estaria na cidade por uma semana, não o joguei fora, como é de costume. Afinal de contas, para que me preocupar em guardá-lo, se todos os táxis são iguais? Neste caso, porém, ele provou que podia ser diferente ao oferecer-me um valor extra, e não só guardei o cartão, como usei-o mais uma vez.

COMPREENDER O QUE OS CLIENTES CONSIDERAM VALOR.

É muito complicado persuadir os clientes a pagarem mais, se você não sabe o que eles consideram como valor, e a maioria das empresas não sabe. Certa vez, perguntei a um gerente se a empresa em que trabalhava, há longos anos, competia em preço ou valor. "Em valor, é claro," respondeu.

"Ótimo", disse. "O que é que sua empresa faz que os seus clientes valorizam?"

Passado um instante, forçou uma risada. "Não faço a menor ideia" falou.

Valor é aquilo que você tem, os clientes querem e pelo qual estão ***dispostos a pagar***. A maioria das empresas deixa de levar em consideração esse último ponto. As empresas gastam grandes somas de dinheiro para descobrir o que consumidores em potencial gostariam de comprar e se seus atuais clientes estão satisfeitos, mas não passam para a etapa seguinte, que é decifrar o que as pessoas estão dispostas a comprar e por quanto. Perdem a oportunidade de criar valor para os clientes e de transformar isso em lucro. O que os clientes estão dispostos a comprar, hoje, e que você não está oferecendo? Que componentes, inclusive custos, estão embutidos no produto ou serviço, e pelos quais os clientes não gostariam de pagar? As respostas a essas questões seriam de grande ajuda para aperfeiçoar o valor que você está oferecendo aos clientes, assim como os preços que pode cobrar.

Quanto mais se compreende o que os clientes consideram como valor, mais lucrativo o negócio será. Uma empresa que descobriu isso é a Marriott Lodgings, nos Estados Unidos. A Marriott opera uma cadeia de hotéis cinco estrelas, e há alguns anos decidiu montar uma rede de hotéis de preço médio. A princípio, fizeram a pesquisa normal, para descobrir quanto os clientes em potencial estariam dispostos a pagar e o que queriam em um hotel dessa categoria. Resolveram que o preço razoável seria $49,00 por noite, mas que, por esse preço, as pessoas queriam os opcionais que a pesquisa sugerira. É claro que a Marriott não poderia oferecer todos os opcionais, cobrar $49,00 e ainda ter lucro. Decidiram, então, fazer outra pesquisa com foco, mas, desta vez, deram aos participantes $49,00 em dinheiro de mentira. A seguir, mostraram a planta básica do quarto e disseram que o quarto básico custaria $21,00 e pediram aos participantes que colocassem $21,00 do dinheiro de mentira em cima da mesa. Depois, mostraram uma lista de opcionais que poderiam ser colocados no quarto e informaram o custo de cada um. Um banheiro bem grande, por exemplo, poderia custar $9,00 por noite, um VCR apenas $2,00. Os pesquisadores, então, perguntaram aos participantes como gostariam de gastar o dinheiro de mentira. Ao final dos trabalhos, ficaram sabendo não o que os clientes em potencial queriam, mas quanto estavam dispostos a gastar. Passados dois anos, a cadeia de hotéis de preços médio da Marriott era a mais rentável no país, angariando lucros 26% mais altos que a média dos concorrentes.

Compreender o que os clientes consideram valor é a condição que o capacita a persuadir os clientes a pagarem mais. Até mesmo alguns governos locais compreendem isso. Certa tarde, estava em casa, quando o telefone tocou. Era uma senhora de um instituto de pesquisa, contratada pela prefeitura, que me perguntou se poderia responder a algumas perguntas. Disse-lhe que sim. "Muito bem, senhor, o que acha da qualidade das praias da cidade?", perguntou.

"Quantos dias vamos ter para conversar sobre isso?", perguntei de volta. Disse-me que tínhamos todo o tempo que eu quisesse, então expliquei-lhe com detalhes o que achava das condições das praias da cidade.

Valor é aquilo que você tem, os clientes querem e pelo qual estão dispostos a pagar.

"Acha que a prefeitura deveria fazer alguma coisa para melhorar as praias?", perguntou. "Sim", respondi. "Não era esse o motivo da conversa?"

"Correto, senhor", falou. "Estaria disposto a pagar mais impostos para que esse trabalho fosse feito?" Disse-lhe que sim.

"Algo como $50,00 ao ano?", perguntou. Respondi-lhe que sim.

"E $100,00?" De novo, respondi que sim.

"E $150,00?" Pensei um pouco, e acabei dizendo que sim.

"Que tal $200,00?"

"Não", disse-lhe, " é demais."

"Obrigada, senhor. Agora, o que acha das condições das estradas nesta cidade?"

"Quantos dias vamos ter para conversar sobre isso?", perguntei-lhe e retomamos a conversa. A entrevista tratou de diversos assuntos e, ao final de cada um deles, perguntava-me o quanto estaria disposto a pagar para ver o problema solucionado. Foi uma pesquisa muito inteligente, porque ao final, os responsáveis compreenderam o que os consumidores queriam e quanto estavam dispostos a pagar para ter essas coisas. Em outras palavras, entenderam o que os consumidores valorizam.

A DECISÃO É SUA.

Competir no preço ou competir em valor? Se não compete em valor, não terá outra opção a não ser competir no preço. Antes de fazer a opção, deveria saber que competir no preço pode destruir não só a sua lucratividade, mas a da indústria como um todo. As guerras de preço, como vimos, não trazem vantagens para ninguém, nem mesmo ao cliente, no longo prazo. Há um caminho melhor: agregar valor, atribuir um preço justo e vendê-lo. Essa é a sua obrigação. O objetivo dos administradores deveria ser otimizar a lucratividade sustentada no longo prazo, e isso decorre da capacidade de obtenção da melhor margem de lucro possível. Para agregar valor suficiente que lhe dê condições de persuadir os clientes a pagarem mais, todos os funcionários devem ter em mente que o propósito do negócio é melhorar, em algum aspecto, a qualidade de vida dos clientes. É sua obrigação ajudá-los a ver que, por trás do pedido de compra, da nota fiscal ou da reclamação que o consumidor faz à pessoa que se encontra no fim da cadeia de valor, encontra-se o usuário final, cuja vida vai ser aprimorada pelo produto ou serviço. Você precisa ajudar todo mundo a pensar e até mesmo a preocupar-se com o assunto, porque é justamente com isso que os clientes se preocupam. Pagam exatamente por isso. Toda vez que o consumidor faz uma compra, pergunta a si próprio: "as vantagem ultrapassam os custos?" Se a resposta for sim, sai da loja feliz da vida, e são grandes as probabilidades de voltar. Os clientes podem, até mesmo, contar para os amigos o quanto você, seus produtos ou serviços são bons.

A escolha é competir no preço ou competir em valor.

Permaneça vigilante, observando oportunidades para criar valor e explorá-las, quando as encontrar. Em um mundo sombrio, dê esperança às pessoas e traga alegria. Em um mundo complexo, faça as coisas mais simples e mais fáceis. Em época de incertezas, dê conselho, ofereça orientação e apoio. Quando as pessoas estiverem ocupadíssimas com montes de afazeres, ofereça-se para fazer um tanto por elas. Quando as pessoas estiverem tentando encaixar tudo nos devidos lugares, ofereça flexibilidade. Dê às pessoas conhecimento, competência e confiança para assumir o controle sobre suas próprias vidas. Seja criativo e inovador, para que possa dar aos clientes o que há de mais moderno. Lembre-se sempre de que a criação de valor extra é uma tarefa sem fim, porque o que foi considerado valor extra ontem, hoje já vai ser aceito como coisa normal e, amanhã, será visto como insuficiente.

SUMÁRIO

- Os clientes não se interessam, propriamente, pelos produtos e serviços; querem o que os produtos e serviços vão fazer para eles. Procuram extrair valor do que lhes é ofertado.
- Você é pago para criar valor. Em um mercado competitivo, aqueles que compreendem e agregam valor vão prosperar. O primeiro passo para persuadir os clientes a pagarem mais é fornecer mais valor que os concorrentes.
- Para criar mais valor, antes de mais nada é preciso entender o que os clientes estão comprando, para que possa vender o que eles querem.
- Valor é igual a vantagens menos os custos. Use essa equação como orientação para os negócios, porque é ela que orienta a decisão de compra.
- Vantagens são aquelas características dos produtos e serviços que solucionam os problemas dos clientes. Quanto mais entender os problemas dos clientes, maiores serão as chances de estar criando valor. É preciso entender não só o próprio negócio, como o do cliente.
- Os consumidores vão às compras porque têm problemas. Querem soluções, e para isso é preciso que você tenha uma atitude do tipo "Claro que posso fazer". Não precisam de um "não".
- Custos do tipo fator tempo, esforço e custos emocionais ou intelectuais são altos demais para os clientes, e destroem valor. Para os clientes, vale pagar para ter esses custos reduzidos.
- Você pode criar valor para os clientes, ao dar-lhes algo extra. Agrade-os ao criar soluções para problemas que adorariam que você resolvesse, mas não têm a menor esperança de vê-los resolvidos. Quando o fizer, vai impressioná-los, de verdade.
- Para persuadir os clientes a pagarem mais, é preciso compreender a que eles dão valor. Valor é algo que você tem, que os clientes querem e pelo qual estão dispostos a pagar. Muitas empresas entendem o que os clientes querem, mas não sabem se estariam dispostos a gastar dinheiro com isso, nem o quanto.
- A decisão é sua. Pode competir em preço ou em valor. Se não competir em valor, terá de competir em preço.

Reflexões

- Seu pessoal está mais concentrado em finalizar tarefas ou em criar valor?
- Você sabe o que os clientes estão comprando?
- Que tipo de contato os clientes têm com você, quando acham que NÃO estão recebendo as vantagens condizentes com o preço que pagaram?
- Em que medida consegue compreender o que os clientes estão querendo, e que problemas estão incomodando a eles?
- Com que frequência seus clientes ouvem um "não"? Que mudanças faria para que ouvissem "não", com menos frequência?
- Que custos não financeiros os clientes pagam para obter os produtos e serviços? O que poderia fazer para reduzi-los?
- Em que produtos ou serviços você poderia dar aos clientes um extra?
- Como poderia aprender mais sobre a que os clientes dão valor?
- Como poderia usar essa informação para capacitá-lo a persuadir os clientes a pagarem mais?

As cinco zonas de valor para o cliente

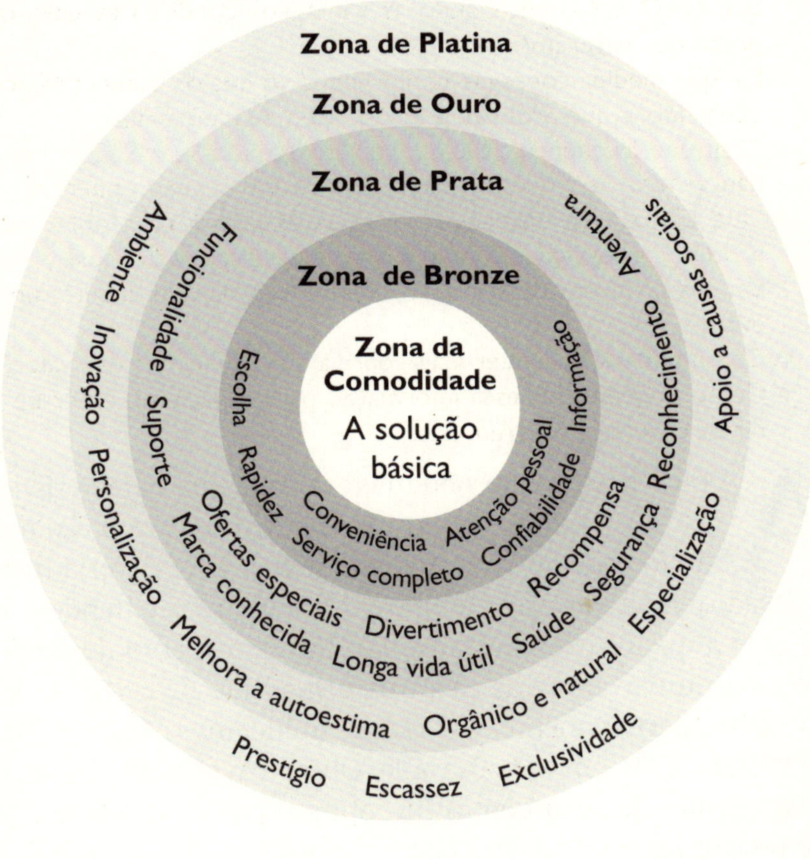

Capítulo 5

As zonas de valor básico

O preço é inimigo da diferenciação.

A única pessoa que pode determinar que características dos seus produtos e serviço vão merecer um preço mais alto é o cliente. Consequentemente, você deveria investir pesado em fatores como tempo e dinheiro, para entender exatamente a que os clientes dão valor. Em detrimento do próprio negócio, muitas empresas caem na armadilha de acreditar que sabem isso perfeitamente. Em geral, entendem errado e acabam destruindo valor, em vez de criá-lo. Observe o seguinte exemplo: os fabricantes de ferramentas inventaram produtos sofisticados, que podem fazer coisas fantásticas. O problema é que a maioria dos consumidores usa somente as funções básicas da ferramenta, o que cria um problema para os fabricantes, porque precisam cobrar mais pelos produtos, em virtude dessas novas funções. Por outro lado, os clientes não querem pagar preços mais altos, porque essas vantagens adicionais não interessam a eles. Isso ocorre porque os fornecedores estavam equivocados a respeito daquilo que os clientes consideram como valor e acabaram por criar um "ladrão" de valor. Os "ladrões" de valor aparecem quando são incorporadas funções que, para serem produzidas, custam mais do que os clientes dariam por elas.

A ZONA DA COMODIDADE - SOLUÇÃO BÁSICA.

Os negócios existem porque os clientes têm problemas e estão dispostos a pagar a alguém para resolvê-los. A zona mais fundamental de valor, portanto, contém a solução básica do problema do cliente e um pouquinho mais. É a zona dos produtos tipo *commodities*, porque a solução é sempre simples, disponível de imediato e nem um pouco diferente do que o concorrente pode fornecer.

Um bloco de concreto é um bloco de concreto. Açúcar é açúcar. Um tronco de madeira é um tronco de madeira. Já que não há diferença entre a mercadoria oferecida pelos fornecedores, a solução básica tem de ser oferecida a preço baixo.

Houve um tempo em que se pensava em *commodities* como se fossem somente aqueles produtos e serviços que não eram processados ou, então, minimamente processados, como madeira, açúcar e blocos de concreto. Mas hoje, graças à revolução em termos de qualidade dos anos 1980 e 1990, os clientes consideram como *commodities* muitos produtos sofisticados, porque o nível de qualidade nesses produtos e serviços é bom no mundo todo, sem variações por conta de diferentes fornecedores. Assim, dentro de uma determinada faixa de preços, itens como automóvel, computador, transporte de documentos e mercadorias, e até

A solução básica é sempre simples, disponível de imediato e nem um pouco diferente do que o concorrente pode fornecer.

Até mesmo empresas prestadoras de serviço profissional, como escritório de advocacia, de engenharia e de seleção e recrutamento, são vistas como fornecedoras de produtos tipo commodities.

mesmo quartos de hotel são considerados *commodities*. Dentro de determinado nível de desempenho ou luxo, por exemplo, dá para citar meia dúzia de fabricantes de carros ou cadeias de hotéis que são tão bons quanto os outros. Não há diferenciação. Exatamente porque os compradores em potencial veem esses produtos e serviços como *commodities*, o único fator que afeta a decisão de compra é o preço. Até mesmo serviços profissionais, como advogados, engenheiros e consultores da área de recrutamento e seleção, encontram-se nessa situação. Outro dia, estava tentando convencer um grupo de engenheiros consultores a não competir em concorrências públicas, na base do preço. "Você não compreende, Ian", um deles lamentou. "Temos de competir no preço, porque os clientes não veem nenhuma diferença entre os concorrentes". É exatamente aí que reside o problema! Os serviços que prestam são visto como simples *commodities*.

Não importa quem você seja. Se tudo que está fornecendo ao cliente é uma solução básica, então não terá outra opção a não ser competir no preço. É o caso daquela concessionária de energia elétrica que anunciou: *"Toda eletricidade é igual; a nossa custa menos"*. O que essa empresa está dizendo aos clientes, tanto atuais como futuros, é que o único problema que os clientes têm é obter energia e que a única solução que a empresa pode fornecer, então, é eletricidade, a mesma eletricidade que poderia ser adquirida em muitos outros fornecedores. Consequentemente, a empresa acredita que a única razão pela qual alguém iria comprar dela seria a do preço mais barato. Esse fornecedor de energia escolheu oferecer apenas uma solução básica e é forçado, como consequência, a suportar a imposição do preço. Se tivesse colocado a solução numa embalagem repleta de vantagens interessantes, tais como precisão da conta de eletricidade ou serviços ao cliente que primassem pela rapidez de atendimento, poderiam ser aqueles que

estipulam o preço. A Coca Cola, por exemplo, tem explorado o desenvolvimento de máquinas de venda que, automaticamente, mudam o preço, conforme a temperatura ambiente e a quantidade de latas de Coca Cola restantes na máquina. Num dia mais fresco, com a máquina abarrotada, o preço de uma lata seria bem competitivo; mas, com certeza, num dia de calor escaldante, acho que seria preciso vender o carro para conseguir dinheiro bastante para comprar uma lata!

ATRIBUINDO UM DIFERENCIAL ÀS *COMMODITIES*

Bananas - Identifique o produto. Cole uma etiqueta com a marca *Chiquita Bananas*. A Dole fez o mesmo com os abacaxis.

Verduras - Dê-lhes uma feição humana e denomine-as de "A verdinha alegre".

Melões - Desenvolva uma nova categoria. Nada de chamá-los apenas de "grandes". Batize-os de Melões Especiais.

Porco - Porco foi considerado apenas carne de suíno por muito tempo. Agora é conhecido como *aquela outra carne branca*, que tem mais apelo à consciência das pessoas preocupadas com a saúde.

Há sempre um jeito de se agregar um diferencial!

Fica bastante difícil alcançar lucros substanciais se tudo que você oferece é uma solução básica, a não ser que você tenha o monopólio ou um mercado inexplorado no qual possa se expandir, pois preço sempre será a grande questão. Toda conversa que vai ter com os clientes será sobre preço, especialmente sobre como deveria baixá-lo, o que dá muita canseira! É por isso que a maioria das empresas prefere não fazer negócios no nível das *commodities*.

Dá para experimentar melhores lucros se você consegue diferenciar sua oferta daquela dos concorrentes, e a melhor maneira

> *Se tudo que tem a oferecer é uma solução básica, então não terá outra opção senão competir no preço.*

para fazer isso é adicionando camadas de vantagens centralizadas nas necessidades e problemas dos clientes. Em outras palavras, você adiciona valor agregado a cada uma das sucessivas camadas com as quais envolve a solução básica. Na minha opinião, existem quatro zonas de diferenciação, cada uma delas representando, progressivamente, mais valia para o cliente e, por conseguinte, capaz de merecer um preço mais alto.

A zona de Bronze

A Zona de Bronze abrange mais do que, simplesmente, uma solução básica para os problemas dos clientes. Significa conseguir fornecer todos os componentes básicos do serviço de atendimento aos clientes considerados como bons. O mais importante é que tudo isso precisa ser oferecido de forma consistente e não de vez em quando. Não é isso, porém, que os clientes estão acostumados a encontrar. Um recente estudo americano mostrou que mais de 80% dos consumidores disseram que a qualidade do serviço era um importante ingrediente na decisão de compra, e 41% afirmaram que não estavam recebendo o serviço que esperavam. Venho recebendo o mesmo resultado nas minhas pesquisas informais. Normalmente, peço às pessoas presentes às palestras que levantem a mão, caso tenham sido mal atendidas pelos serviços de atendimento ao cliente, nas últimas duas semanas. De forma constante, 75% tiveram essa experiência. Serviço de qualidade consistente e prestado por funcionários interessados é muito raro e, por isso, muitos clientes acham que vale a pena pagar para tê-los. Um dos problemas é que poucas empresas entendem que

tipo de experiência os clientes estão buscando. Ou, se sabem, esquecem-se de divulgar aos funcionários.

Confiabilidade

> *Muitos clientes acham que preço é importante, mas confiabilidade é muito mais.*

Um componente imprescindível da Zona de Bronze é a confiabili-dade. Durante anos, tive a oportunidade de participar de centenas de reuniões informais, nas quais os clientes disseram aos fornecedores: "Preço é importante, mas confiabilidade é muito mais". Não importa o setor industrial, o país, a mensagem que os clientes enviam é sempre a mesma: estão dispostos a pagar mais por produtos que funcionem, que tenham qualidade constante e que sejam entregues por completo e na data prevista.

Faz sentido. Se você fosse dono de um negócio, teria interesse em lidar com um fornecedor em quem não pudesse confiar e que, embora mais barato, o deixasse na mão? Claro que não, pois isso significaria que você não iria cumprir os compromissos assumidos com os clientes. Não poderia ter certeza de contar com a fidelidade dos clientes, apesar do fraco desempenho. Na verdade, você ***sabe*** que os clientes iriam a outro estabelecimento, porque permanecer com você significaria falhar com os clientes deles. Os clientes sabem que produtos e serviços com desempenho inferior, tanto de você como de outros fornecedores, poderiam levá-los à beira da falência. Falando em termos pessoais: estaria disposto a pagar $8.000,00 por um carro, que tivesse chance de enguiçar no primeiro ano, ou preferiria dar $10.000,00 em um outro, que com certeza vai lhe dar de 12 a 18 meses de uso, sem encrencar? Confiabilidade é importante, seja com referência a produto ou serviço. Portanto,

se vier a tornar-se um fornecedor em quem se pode confiar, os clientes vão perceber que você está agregando cada vez mais valor, o que significa que poderá cobrar mais. Infelizmente, a maioria das empresas não tira proveito dessa situação.

A confiabilidade nos produtos e serviço é importante porque satisfaz a necessidade de segurança. Se essa necessidade é satisfeita, os clientes vão sentir-se confortáveis, e, por ser essa, exatamente, a sensação que buscam, vão estar dispostos a pagar por ela. Por outro lado, se a necessidade de conforto não for satisfeita, vão se sentir ansiosos. A ansiedade dos clientes é um custo emocional que vai reduzir a impressão de valor que estejam recebendo. Como já vimos, se isso acontece, vão reclamar do preço. Se você consegue fornecer produtos e serviços que funcionam como previsto, que são entregues na hora e completos, conforme combinado, e que têm desempenho consistente com tudo que prometeu, então vai desenvolver a reputação de confiabilidade. As pessoas virão em função dessa fama e virão já decididas a comprar, exatamente por causa dessa fama. Esses clientes não se sentem perturbados por causa de preço.

Confiabilidade é importante, seja com referência a produto ou serviço, pois satisfaz a necessidade de segurança.

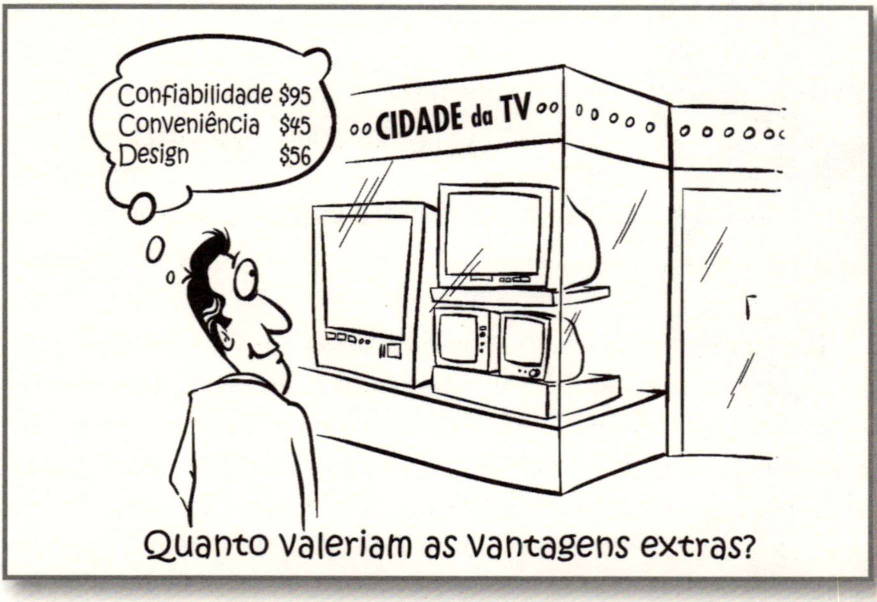

Rapidez e conveniência

Outros dois componentes da Zona de Bronze são rapidez e conveniência. Pesquisas com consumidores revelam o que já se sabe por experiência própria: tempo e esforço estão escassos para a maioria das pessoas. Conforme o ritmo do mundo vai acelerando, e na medida em que cada vez mais somos solicitados para uma série de coisas, achamos que tempo e esforço são "preços" excessivamente altos para pagar se o intuito é comprar. Como resultado, os clientes vão pagar um prêmio pela rapidez e conveniência, igualzinho a você. Poupar tempo e energia muitas vezes valem mais do que os dólares que lhe podem custar. Esse dinheiro extra, porém, faz toda a diferença para a lucratividade de seu fornecedor!

Preço é importante, mas confiabilidade é muito mais.

Rapidez e conveniência são fatores ainda mais importantes para os clientes se a venda for de empresa para empresa. Tempo é dinheiro, e qualquer coisa que você faça para reduzir o trabalho da empresa cliente irá representar economia de custos com mão-de-obra para ela. Estava conversando com o proprietário de uma oficina de carros batidos, e ele me disse que, no momento, negociava apenas com um fornecedor de tintas, porque isso reduzia a quantidade de tempo que o gerente gastava, conversando com os vendedores das outras empresas. Estava ciente de que, mesmo que pagasse um pouco mais por alguns produtos, ainda estava poupando alguns dólares, em razão da economia de mão-de-obra do gerente. É por isso que grandes empresas estão racionalizando fornecedores. Alguns vão acabar negociando com menos de 10% dos fornecedores originais.

> *Ano passado, 46% dos dólares gastos em alimentação por famílias americanas foram para refeições ou lanches fora de casa. As lojas de* fast-food *abocanharam 50% desse dinheiro.*

O aspecto principal do item conve-niência é que fica fácil para as pessoas negociarem com você, sobretudo com referência às formas de pagamento. Facilite o pagamento, e o preço passa a ter menos importância. O aumento do volume de financiamento aos clientes comprova isso. Eu costumava cometer o erro de dar desconto no preço dos meus livros, quando dava uma palestra. Hoje, cobro o preço normal de varejo, mas permito que as pessoas escolham a forma de pagamento. Podem pagar com dinheiro, cheque, cartão de crédito ou posso enviar fatura. Seja qual a forma de pagamento que escolham, podem ir embora com os livros debaixo do braço. O que poderia ser mais conveniente? Uma vez ofereceram-me $50.000,00 por uma consultoria, porque alguém ficou muito bem impressionado com a facilidade de comprar meus livros e resolveu contratar-me para aprimorar a área de gerência de relacionamento com o cliente. É fácil pagar a você? E para fazer pedidos de mercadorias e serviços? E para entrar em contato? Nada de "desculpe, mas todos os nossos atendentes estão ocupados no momento..."

Uma outra área que tem a ver com tempo, e que muitas empresas não conhecem bem, é a da agilidade na resposta. Os clientes vivem num mundo frenético e, portanto, têm a expectativa de que você vá, de imediato, retornar as ligações, preparar as cotações, marcar compromissos, prestar as informações desejadas e dar retorno quanto aos problemas das mercadorias e serviços.

Uma resposta imediata, se vendida da forma correta, vale o dinheiro que os clientes pagam por ela. Se tiver um problema de grandes proporções com o encanamento, vai contratar um profissional por $40,00/hora que possa vir daqui a três dias, ou um a $50,00/hora, que venha de imediato?

Uma resposta imediata equivale a dinheiro.

Oferecer acesso fácil e imediato aos produtos e serviços provoca uma alteração na demanda por eles e, consequentemente, no preço que pode cobrar. O varejo moderno é baseado na premissa de que as mercadorias nas prateleiras, que podem ser acessadas na hora pelos clientes, são mais facilmente vendidas que aquelas escondidas atrás do balcão. De forma similar, as pesquisas demonstram que um dos mais importantes fatores de satisfação nos serviços profissionais é a acessibilidade. O melhor advogado do mundo não terá valor nenhum se a aproximação entre vocês for difícil. A maior atração das compras na Internet é que o cliente pode acessar os produtos e serviço, em qualquer parte do mundo, sem sair de casa. Os cartões de crédito e as linhas 0800 aumentaram a capacidade de acesso das pessoas a uma enorme gama de produtos e serviços, através de compras por telefone e via canais de TV *shoptime* e infomerciais, que são comerciais com formato de programa. Embora alguns desses fornecedores estejam competindo em preço, outros, como a Amazon.com, cobram mais caro que os concorrentes.

Outra área de conveniência, que se torna cada vez mais importante, é a das lojas de serviço completo. Em virtude de estarmos todos tão ocupados, queremos a conveniência de comprar tudo de que precisamos, em um único lugar. Os efeitos dessa circunstância sobre a fixação de preços é bastante grande. Significa que, se por meio da política de preços competitivos em alguns itens você pode atrair compradores para a loja, essas pessoas estarão menos preocupadas com o preço dos outros itens que podem escolher quando estiverem lá. Lojas de departamentos bem-sucedidas, como a Wal-Mart, sabem muito bem do que estou falando. Conforme mencionei, possivelmente a Wal-Mart é, no setor, a empresa que melhor administra as variações de preço. Oferecem produtos âncoras abaixo do custo, os quais atraem os clientes até a loja, e produtos com altas margens de lucro, que as pessoas compram por impulso ou conveniência. Claro que seria ainda melhor se você pudesse atrair freguesia ao seu estabelecimento comercial por razões que não fossem preço. Ser conhecido como loja de serviço completo pode muito bem resultar nisso.

O elemento decisivo para tornar-se uma loja de serviço completo é desenvolver parcerias estratégicas com empresas fornecedoras dos vários produtos que os clientes estão procurando, de forma que possam consegui-los por meio da sua organização. Desse modo, você se transforma num portal de entrada, através do qual os clientes têm condições de solucionar os problemas. Isso o colocaria na posição vantajosa de organizar uma cadeia de valor. É a melhor posição em que alguém poderia estar, porque o vigia do portão é aquele que dá as ordens e obtém lucro como resultado. Não há necessidade de ser o maior protagonista na cadeia de valor para ser aquele que a controla. Você apenas precisa ser aquele que mantém contato com os clientes e que melhor compreende os negócios, necessidades e problemas deles.

Conforme os dias de trabalho se tornam mais longos e o tempo livre mais reduzido, as pessoas têm uma atitude mais receptiva quanto a pagar pela conveniência.

O inimigo número um da conveniência é a complexidade. O mundo está se movendo muito rapidamente, e, em muitas áreas, o desenvolvimento do produto está mais relacionado com o que a tecnologia pode fazer, do que com o que os clientes querem. Qual o sentido em comprar um VCR cheio de funções, que você nunca vai descobrir como operar? As pessoas não gostam de complexidade. Quem se dispuser a fazer algo de forma mais simples, vai ser capaz de merecer algo extra. Portanto, o propósito deveria ser o de descomplicar. Simplifique os

produtos e os serviços. Simplifique a maneira como os clientes entram em contato com você, simplifique a informação que fornece, simplifique as maneiras pelas quais as pessoas fazem negócios com você. E cobre por isso. Afinal de contas, está reduzindo os custos referentes a tempo e esforço, e isso vale muito para os clientes.

Tratamento personalizado e informação

Há momentos em que os clientes precisam de tratamento personalizado e informação, e vão pagar para tê-los. Comprar na Internet é fantástico. Desde que saiba o que deseja, pode ser rápido e muito conveniente. Você jamais vai precisar sair da mesa de trabalho e pode comprar coisas de um fornecedor, do outro lado do mundo. O problema aparece quando busca informação, ou se a transação não se processou corretamente. É nesses momentos que uma pessoa de verdade seria mais que bem-vinda para conversar, e, é óbvio, nunca existe ninguém à disposição. No espaço virtual, tanto como no espaço sideral, há total ausência de seres humanos. Certa vez, recebi uma fatura, claro que por via eletrônica, de uma empresa nos Estados Unidos. Como já havia pago a conta, mandei-lhes um *e-mail*, pedindo que solucionassem a questão. Recebi uma resposta automática, avisando que a mensagem havia sido recebida. Na verdade, esperava mais que uma simples confirmação de que haviam recebido minha mensagem. Queria confirmação de que sabiam que eu havia pago a conta. Então mandei outro *e-mail*: "Favor não me enviar uma resposta automática. Preciso falar com alguém sobre isso". Adivinhe? Recebi a mesma mensagem. Não importa o que eu fizesse, recebia a mesmíssima resposta automática. Não tinha condições de contatar um ser humano. Ao fim, consegui resolver o problema. Nunca mais comprei nada deles.

O que há para jantar?

Em todo o mundo, pessoas estão abandonando o hábito de cozinhar em casa. Eis o que, em média, uma pessoa gasta por ano, comendo fora.

Japão $4.080,00

Espanha $3.360,00

EUA $ 2.246,00

Itália $1.980,00
Grã-Bretanha $1.840,00

Canadá $1.608,00

Alemanha $1.180,00

França $1.120,00

Valores em dólares neozelandeses

Já reparou como é desagradável fazer compras numa loja enorme, desprovida de funcionários? A quem deve dirigir-se, caso não saiba onde encontrar uma mercadoria, ou se não consegue achar o preço, ou precisa de mais informações? A essa altura, economizar uns tantos dólares torna-se irrelevante. Mas pior do que não encontrar ninguém, é encontrar um vendedor que não sabe absolutamente nada. E veja que não estou falando de pessoal altamente especializado. Falo de funcionários que não fazem a mínima ideia do que estão vendendo. Certa vez, pedi a um vendedor da mais sofisticada e tradicional loja de departamentos de Auckland uma informação sobre uma mobília muito cara. "Não tenho a menor ideia", disse. "Estou neste departamento somente durante o fim de semana. Normalmente trabalho na seção de tapetes".

Os consumidores querem serviços com rapidez, e muitos estão dispostos a pagar por isso!

Quando os compradores precisam de ajuda, querem isso de imediato. Em uma pesquisa com 200 consumidores internautas, conduzida pela Mobius Management, um provedor de gerenciamento de dados baseados na *Web*, quase 75% dos entrevistados disseram que um serviço de atendimento ao consumidor, que fosse ao mesmo tempo rápido e confiável, era o requisito essencial na hora de selecionarem um provedor de serviços de atendimento ao consumidor, tais como administradoras de cartões de crédito e financeiras. Enquanto 86% relataram que no passado haviam sido obrigados a aguardar na linha por mais de 10 minutos, para falar com um representante do serviço de atendimento, apenas 32% disseram que, no futuro, aguardariam todo esse tempo. Noventa e um por cento declararam que trocariam de vendedor se, de forma continuada, levassem mais de 10 minutos para entrar em contato com um representante do serviço de atendimento ao cliente. Metade dos entrevistados afirmou que gastaria mais dinheiro por serviço de qualidade superior.

Certa ocasião, indaguei a um vendedor da maior cadeia de lojas de departamentos do país se eu teria problemas de ajuste de sintonia com um novo VCR, que estava cogitando em comprar nessa loja mesmo, pois usava a Sky Digital. "Não sei, não", respondeu, "eu não tenho a Sky".

Outra vez, em um restaurante na Austrália, perguntei ao *maître* se determinado vinho branco era saboroso. "Não sei", respondeu, "não bebo vinho".

Em um mundo onde os compradores são estimulados por uma enxurrada de opções, eles vão precisar de ajuda para fazer escolhas. Precisam de informação. Precisam de conselho. Precisam trocar ideias com funcionários que saibam das coisas. E quando pedem ajuda, não querem receber respostas como estas.

- "Sinto muito, sou novo aqui."
- "Acabamos de receber essa mercadoria, e não sei nada a respeito."
- "Normalmente, não trabalho neste departamento."
- "Vou ver se acho alguém que saiba alguma coisa sobre isso."
- "Só trabalho nos fins de semana."
- "Não, não posso ajudá-lo, sinto muito."

Se receberem uma dessas respostas, aí, sim, o preço se transforma na questão principal. Isto é... caso acabem mesmo comprando de você.

Lembre-se de que aproximadamente 70% das decisões de compra são feitas por razões emocionais, e a qualidade da experiência que os clientes têm com os vendedores determina como se sentem com relação a sua empresa, produtos e serviços, e em relação aos preços que cobra. Não é simplesmente uma questão de ter alguém para atender que saiba alguma coisa sobre o que está à venda. É preciso que haja interesse em ajudar o cliente. Não faz muito tempo, entrei em um banco para abrir uma nova conta. Dirigi-me ao balcão e a funcionária de plantão atendeu-me. Expliquei-lhe que queria abrir uma nova conta. Ela olhou para mim e, em seguida, para o relógio pendurado na parede. "Vai precisar de dois documentos de identificação para isso", ela disse.

Falei que não seria problema. Olhou para mim e, de novo, para o relógio na parede. "Um deles tem de ter fotografia".

Mais uma vez, garanti-lhe que não havia problema, pois estava com a carteira de motorista. Olhou para mim e mais uma vez para o relógio na parede, e suspirou fundo. "Na verdade, preferimos quando as pessoas marcam hora para fazer isso", falou.

Havia cinco bancos concorrentes, no perímetro de 500 metros de onde estava. Portanto, podia-se imaginar que ela teria ficado feliz em me ver. O diretor executivo desse banco, com certeza, também pensava assim.

Nesse mundo agitado e despersonalizado, estamos, quase todos, dispostos a pagar mais pelo atendimento pessoal de um funcionário competente e dedicado. Representa valor para nós saber que existe alguém preocupado em fazer com que o ato de comprar seja uma experiência agradável, alguém comprometido com a nossa satisfação. Normalmente, opero com um banco que não é conhecido por praticar as tarifas mais baixas, mas simplesmente adoro ligar para lá. Enquanto telefonar para qualquer outra central telefônica dá-me a sensação de que querem se ver livres de mim o mais rápido possível, essa finaliza cada chamada com: "Mais alguma coisa que poderia fazer pelo senhor, hoje?" Isso é dito de forma tão normal e descansada que sinto que estão sinceramente preocupados em ajudar e que têm tempo para isso.

Para oferecer aos clientes o atendimento personalizado que gostariam de receber, é preciso tomar quatro providências: primeiro, ter um número suficiente de funcionários à disposição. Quando você ouve aquela mensagem gravada dizendo: "Desculpe o incômodo, mas todos os nossos agentes estão ocupados no momento. Sua ligação é muito importante para nós...", sabe que estão mentindo. Se sua chamada fosse realmente importante para eles, deveriam ter contratado funcionários para cuidar disso. O que a empresa fez foi cortar custos, até o ponto em que não pode prestar o atendimento que os clientes gostariam. Quando isso acontece, os clientes ficam desapontados e frustrados. Trocam de fornecedor ou exigem preço mais baixo. As vendas caem, os lucros encolhem, e torna-se necessário cortar ainda mais os custos. É um

Muitos consumidores vão pagar mais pelo atendimento personalizado de um funcionário competente e dedicado.

círculo vicioso. Acho que administrar um negócio desse jeito deve fazer sentido para algumas pessoas. Infelizmente, a tendência é piorar, pois os administradores parecem mais uma vez obcecados em diminuir o número de funcionários.

Caso tenha os recursos adequados, a segunda etapa é ter certeza de que os funcionários entendem a importância de cuidar dos atuais clientes. Como foi analisado antes, só existem três modos de levar um negócio adiante, e o modo mais simples e menos dispendioso é conseguir que os atuais clientes continuem retornando. Muitos administradores estão cientes disso; mas, e os funcionários, na linha de frente? Para ajudá-los a entender que o melhor cliente é aquele que já existe, faça o cálculo de quanto de receita perderia durante o "tempo de vida útil" do cliente, se ele fosse comprar em outro lugar. Depois, descubra quantos clientes perde por ano. Multiplique um número pelo outro e mostre aos funcionários. Vão ficar tão preocupados quanto você em cuidar dos clientes.

Em terceiro lugar, certifique-se de que os funcionários aprenderam tudo sobre os produtos, para estarem em condições de ajudar os clientes. Além de treinamento, isso requer o desenvolvimento de um sistema de informações ou banco de dados, de modo a facilitar o acesso dos funcionários às informações. As catastróficas experiências que tive, em duas lojas de departamentos e no restaurante, não foram culpa dos funcionários. A culpa foi do gerente que, decididamente, não se importou em treinar funcionários para que pudessem responder as minhas perguntas, nem desenvolveu um sistema de informação que lhes permitiria buscar as respostas para as dúvidas.

Em quarto lugar, desenvolva rotinas e procedimentos para atender aos clientes. A maioria dos administradores pensa em rotinas como um expediente exclusivamente relevante para a produção fabril, ou para os sistemas de Tecnologia da Informação. Acham que procedimentos de operação padronizados somente são necessários para operação de equipamento ou preenchimento de formulários. Mas é possível, e extremamente necessário, criar rotinas e procedimentos para atividades tão importantes como cumprimentar clientes, compreender as necessidades deles, lidar com as reclamações e fazer o acompanhamento do pós-venda. Mais uma vez, a experiência que tive para abrir uma conta no banco não foi culpa da funcionária. Era evidente que ela não compreendia o valor de um novo cliente, nem tinha uma rotina que pudesse seguir, para atendimento aos clientes. Certa vez, trabalhei com uma empresa, cujos clientes faziam comentários do tipo: "Adoramos quando sorri e nos chama pelo nome". Embora a maioria dos funcionários da empresa fosse estimulada a obter tal tipo de retorno e estivesse informada do retorno dos clientes a essa atitude, nem todos sorriam e chamavam as pessoas pelo nome. O problema só foi solucionado depois de desenvolvida uma rotina, que ensinava como cumprimentar clientes. Embora saibamos da importância da primeira impressão, a maioria das empresas entrega à sorte a maneira como os funcionários vão interagir com os clientes.

Tudo isso envolve aumento de custos, dirá você. É verdade. Custa dinheiro fazer tudo isso. Mas pense no aumento de receita que vai proporcionar, com os clientes voltando para comprar mais. Clientes que retornam custam menos para serem atraídos, tomam menos tempo para serem servidos e reagem menos aos preços. Clientes fiéis dão condições de você aproveitar baixos custos de venda, preços altos e melhores margens de lucro. É também possível que esse aumento do nível de atenção ao cliente faça com que se sintam mais à vontade para fazer negócios com você, e daí vão recomendá-lo aos outros. Mais uma vez, maiores vendas, menores custos de *marketing*, e, é claro, que as pessoas interessadas em fazer negócios com você estarão mais dispostas a pagar um pouco mais pelo valor extra que, como já sabiam por associados e amigos, estarão recebendo. Daí em diante, tudo continua melhorando.

Controle e opções

Os consumidores de hoje querem estar no controle. Um dos maiores bancos da Nova Zelândia aprendeu essa lição da forma mais complicada, quando decidiu mudar as contas de poupança de 150.000 clientes de um sistema em que recebiam 1% de juros, para outro no qual só recebiam remuneração aleatória. Em uma edição do jornal **New Zealand Herald**, não só havia um pequeno artigo na primeira página, como um artigo completo na segunda, com a foto bem grande de um cliente insatisfeito, além de um editorial, condenando tanto aquele banco, em particular, quanto todos os demais, por agirem com mão de ferro com os clientes. O prejuízo à reputação do banco foi incalculável. Eu mesmo sei de muitas pessoas que cancelaram as poupanças e, pior ainda sob o ponto de vista do bancário, simplesmente sacaram todo o dinheiro e deixaram a conta inativa. Em ambos os casos, não disseram nada para o banco. Não fizeram qualquer reclamação. Simplesmente desapareceram.

Para ceder o controle às pessoas, você tem de estar focado no cliente. Isso significa que tem de estar disposto a alterar a maneira como administra o negócio, de forma que funcione para os clientes e não somente para você. Hoje em dia, os consumidores querem comprar quando lhes é conveniente, não quando convém ao vendedor. As empresas querem fazer negócios por meios que lhes sejam cômodos, não pelos que sejam convenientes aos fornecedores. As pessoas querem estar no controle e querem ter opções. E é preciso que sejam verdadeiras opções, não apenas ilusões. Há pouco tempo, eu estava dando uma palestra após a qual haveria um banquete. Antes que a comida fosse servida, o serviço de bufê anunciou que tinha duas opções de entrada, salmão e massa. Então, os garçons entraram e serviram as entradas, alternadamente. Uma pessoa recebia salmão, a seguinte, massa, e assim por diante. É verdade, havia duas opções de entrada, mas eram eles que escolhiam para você! Também é verdade que um garçom avisou que, se alguém havia recebido um prato do qual não gostasse, poderia procurar alguém que aceitasse a troca!

> *Não se pode vender aquilo que não se tem.*

Dar opções aos clientes significa ter uma gama de produtos e serviços para serem escolhidos. É difícil fazer isso, em um país tão pequeno quanto a Nova Zelândia; não obstante, é importante para os clientes. Muitos varejistas seriam mais bem-sucedidos se aprendessem essa lição. Fico impressionado com o número de vezes que vou a uma loja, para comprar algo que foi anunciado, e lá fico sabendo que não têm o meu número ou a cor que quero. "Podemos tentar achar em uma outra das nossas lojas, ou você poderia ir até lá", é o que normalmente ouço.

"Não, obrigado", respondo. "Você acabou de aprender a primeira regra do varejo. Não se pode vender aquilo que não se tem".

Uma vez responderam: "Sim, podemos. As pessoas têm de esperar!" Saí da loja questionando em qual planeta essas pessoas viviam.

Ter opções e estar no controle são necessidades muito importantes para o ser humano, e os consumidores vão pagar um pouco mais para fazer negócios com empresas que lhes permitam assumir o controle da negociação. Faça uma pesquisa de mercado para descobrir de que diferentes maneiras os clientes gostariam de poder fazer negócios com você e permita que eles façam escolhas, com base nas preferências que tenham. Para que isso aconteça, vai precisar ter flexibilidade nos procedimentos e funcionários que compreendam que o cliente é o patrão.

Produtos e serviços, na Zona de Bronze, valem mais para os clientes que as soluções básicas da Zona de Comodidade. Envolva a solução básica em camadas, tais como confiabilidade, rapidez e conveniência, atendimento personalizado e informação, opções e controle, e será capaz de persuadir os clientes a pagarem preços mais altos.

A menos, claro, que os concorrentes tenham feito a mesma coisa. Então, vai ter de criar níveis de valor ainda mais altos.

Resumo

- Um ponto de partida bastante útil para a compreensão daquilo a que os clientes dão valor é agrupar as vantagens em cinco zonas.
- Elas variam desde a Zona de Comodidade, na qual preço é definitivamente o problema, até a Zona de Platina, na qual preço não tem praticamente nenhuma influência na decisão de compra.
- Se você está fornecendo uma solução básica, está na Zona de Comodidade e não terá outra opção a não ser competir no preço.
- Confiabilidade, rapidez e conveniência, atendimento personalizado e informação, controle e opções compõem a Zona de Bronze. Essa zona, sob o ponto de vista dos clientes, vale mais que o Pacote de Comodidade.
- Se você conseguir envolver a solução básica com soluções para os outros problemas dos clientes, poderá aumentar os preços e as margens de lucro.
- Os clientes se preocupam com pontualidade na entrega, com o funcio-namento perfeito e se o fornecedor vai cumprir o prometido. Seja confiável e poderá cobrar por isso.
- Todos nós temos pouco tempo e disposição. Seja rápido e descomplicado para negociar e vai descobrir que rapidez e conveniência valem alguma coisa para os clientes.
- Às vezes precisamos de ajuda, e é útil ter alguém com quem conversar. Todos estamos preparados para pagar um pouco mais e negociar com alguém que esteja entusiasmado com a nossa empresa, interessado em nos servir e que queira que a experiência de compra seja bem-sucedida.
- Os clientes querem assumir o controle e querem ter condições de fazer escolhas, o que vem satisfazer uma necessidade humana básica.

Reflexões

- Quais dos seus produtos e serviços são considerados *commodities*, pelos clientes?
- Poderia adicionar mais valor aos produtos e serviços já existentes, aprimorando as características de confiabilidade, rapidez ou conveniência?
- Se já alcançou alto nível de confiabilidade, rapidez e conveniência, o seu preço reflete essas características?
- Quem assume o controle da negociação? Você ou o cliente?
- Você permite que as pessoas façam escolhas?
- Seus clientes têm uma experiência EXCELENTE quando compram com você? Se não têm, o que precisa ser melhorado?

CAPÍTULO 6

AS ZONAS DE MAIOR VALOR

Adoro a atenção que você me dedica.

No mercado superlotado e competitivo de hoje, repleto de consumidores exigentes que querem tudo "de graça e para ontem", os clientes estão procurando por níveis de valor cada vez mais elevados. Para estar em condição de persuadir os clientes a pagarem mais, é preciso envolver a solução básica em muito mais vantagens que as que podem ser encontradas na Zona de Bronze.

A Zona de Prata

A Zona de Prata vai além de fornecer serviço personalizado aos clientes e de transformar a compra numa experiência espetacular para eles, a qual tem início no próprio processo de venda. Houve época em que vender era, simplesmente, mostrar ao cliente o valor que poderia obter com o produto ou serviço. Hoje, considerando que os clientes têm pouco tempo e pouca disposição, o próprio processo de venda deve criar valor para o cliente ou ele, simplesmente, nem vai olhar para a sua oferta. Os especialistas em publicidade sabem, por exemplo, que têm apenas dois segundos para convencer as pessoas que estejam folheando uma revista de que devem parar naquele ponto e ler o anúncio.

Quanta porcaria nos chega pelo correio, e a gente joga fora, sem nem mesmo olhar para o envelope? O próprio anúncio de venda deve criar valor, não importa se esteja realizando venda corporativa ou direta ao consumidor. Na Zona de Prata, o fornecedor, seja em razão da própria negociação, seja em razão do produto ou serviço, está melhorando a rentabilidade do cliente empresário ou a qualidade de vida do consumidor.

Hoje em dia, o próprio processo de venda deve criar valor.

Aumento da funcionalidade

Quanto mais os produtos e serviços puderem fazer em prol do cliente, mais valor vão parecer ter, desde que, obviamente, tragam efetivos benefícios para o cliente e não sejam apenas atributos intrínsecos aos mesmos. Se quiser evitar os erros que a maioria dos fabricantes de aparelhos eletroeletrônicos comete, o acréscimo de multifuncionalidade daquilo que você oferece tem de facilitar a solução dos problemas dos clientes. Os fabricantes de automóveis fizeram isso, ao combinarem, por exemplo, o luxo dos carros de passeio com a versatilidade dos utilitários, tornando possível aos motoristas enfrentarem estradas secundárias com conforto.

Como já foi analisado anteriormente, o segredo que vai habilitá-lo a desenvolver mais qualidades funcionais no produto ou serviço é conhecer os objetivos dos clientes e os problemas que os impedem de alcançar tais objetivos. Encontre maneiras de permitir que as pessoas façam coisas que não podiam, ou maneiras que lhes facilitem fazer as coisas.

> "Algumas empresas de porte estão resistindo à tendência de redução de preços por meio do lançamento de novos produtos que trazem vantagens que as pessoas pagam, sem reclamar."
>
> *Alfred Zeien, Diretor Executivo da Gillete*

Serviço de suporte

Os consumidores compram produtos e serviços para que tenham seus problemas resolvidos e para tornar a vida mais fácil e prazerosa. A maioria de nós, porém, já teve experiências horrorosas como consumidores, e foi o ato da própria compra que deu início aos nossos problemas! Por isso, muitas pessoas vão pagar por atributos e características que lhes tragam tranquilidade, paz de espírito e sensação de segurança. De fato, a popularidade das longas garantias dos aparelhos eletroeletrônicos e dos carros são bem representativas dessa questão. A certeza de poder devolver um produto ou serviço com defeito, ou de receber o dinheiro de volta, são condições igualmente importantes para os clientes.

Pelos mesmos motivos, as pessoas vão comprar de um revendedor que pode prestar serviços pós-venda. Querem ter certeza de que, se o produto não funcionar corretamente, será consertado. Também querem saber se, caso tenham dificuldade em usar o produto ou serviço, vão poder receber assistência. Isso torna-se particularmente importante quando o cliente está comprando produtos e serviços complexos ou técnicos, sobretudo computadores, tanto *hardware* como *software*.

Pode ser que tudo isso lhe pareça óbvio, mas a realidade do cliente é, muitas vezes, diferente. Observei um aviso, exposto em uma conhecida cadeia de livrarias, que dizia que CDs e DVDs não poderiam ser devolvidos. Muitos fabricantes e revendedores de computador têm serviços de assistência pós-venda, mas são de difícil acesso. Mesmo que, eventualmente, consiga falar com alguém, pelo telefone, terá de fornecer-lhes um código de autorização de 150 dígitos. Tive uma discussão com o gerente de *marketing* de uma empresa, porque projetaram um sistema no qual o cliente não podia acessar o sistema de ajuda diretamente. Tinha de deixar uma mensagem, e o sistema de ajuda chamaria de volta, quando quisesse. O razoável seria pensar que, quando uma empresa fez um produto ou serviço que não funciona corretamente, teria o maior interesse em facilitar o conserto para os clientes. A última coisa que deveriam querer era clientes insatisfeitos aguardando alguém que lhes retornasse a ligação.

Reconhecimento pessoal e premiação

Reconhecer e premiar o cliente, por comprar com você, é um passo além do atendimento personalizado, prestado na Zona de Bronze. Dar atendimento personalizado faz parte da excelência do serviço ao cliente, mas dar reconhecimento aos mais valiosos clientes, premiando-os pelos seus negócios, é um excelente gerenciamento de relacionamento com eles.

Ao dar aos clientes atendimento personalizado, você os ajuda a tomarem a decisão de compra e a finalizarem a negociação, e eles ficam satisfeitos com esse reconhecimento. Todos nós gostamos de ser reconhecidos e considerados como clientes especiais, porém, em geral, temos a sensação de que somos apenas mais um dentre os muitos com os quais o fornecedor tem de lidar. Então, se recebemos algum tipo de reconhecimento, começamos a sentir o fator positivo que vamos chamar de "Uau!" É evidente, que se um cliente gasta montes de dinheiro com um único fornecedor, ou se vem fazendo negócios com ele por um longo período, ele fica na expectativa de receber algum tipo de reconhecimento e vai se sentir desapontado, se não recebê-lo. As palestras e serviços de consultoria levam-me a vários países, e, por conta disso, faço muitas viagens de avião, sempre com a mesma companhia aérea. Às vezes, pode acontecer de ir ao aeroporto por vários dias seguidos e quase nunca há um grande intervalo de tempo entre as viagens. Durante anos, ficava aborrecido porque tinha de mostrar o cartão de associado, toda vez que entrava na sala de espera do voo. Já havia aprendido o nome dos funcionários muito antes que conhecessem o meu. Eu sentia que ter a mim como cliente não era importante para eles.

Temos um ego e gostamos quando ele é massageado pelo reconhecimento; e, ainda mais importante, gostamos de receber prêmios. Os clientes sabem que você está lucrando com as compras que fazem e gostariam que você lhes demonstrasse algum apreço. E a forma de alcançar isso seria mediante um programa de premiação, que lhes desse algo extra. As empresas aéreas, em todo o mundo, são as melhores nesse aspecto. Os programas de fidelidade, tais como *Air Miles* e *Fly Buys*, permitem que muitas outras empresas recompensem os clientes, justamente pelo fato de serem clientes.

Pesquisas revelam que clientes que pertencem a programas de fidelidade concentram seus gastos em um determinado fornecedor, dentro de um ramo. Um estudo mostrou que 53% das pessoas disseram que os programas de fidelidade, dos quais participavam, faziam com que eles fossem menos propensos a trocar de fornecedor, e 80% disseram que, antes de se engajarem nos programas, faziam negócios em diversos lugares. Um outro dado animador: tudo indica que os programas de fidelidade estimulam as pessoas a gastarem até 46% a mais.

Em resumo, clientes que são membros de programas de fidelidade, permanecem com um fornecedor por mais tempo, desde que o programa de premiação continue funcionando. Programas de fidelidade constituem-se em uma ferramenta poderosa para atrair novos clientes. E o mais importante

Tudo indica que os programas de fidelidade estimulam as pessoas a gastarem até 46% a mais.

é que clientes de empresas, com programas de fidelidade, têm o hábito de preocupar-se menos com o preço cobrado, porque sentem que o valor que recebem vai além das vantagens do produto e serviço que estão adquirindo. As vantagens da premiação que irão aproveitar, um belo dia, em decorrência de serem membros do programa de fidelidade, passam a fazer parte, sob a ótica deles, da equação de valor.

Há duas armadilhas que devem ser evitadas, ao projetar-se um programa de fidelidade. A primeira é desenvolver uma premiação à qual ninguém dá muito valor. O valor dos benefícios de um programa de fidelidade está sujeito ao critério do membro participante. Nós, na maioria, achamos que ganhar um cafezinho uma vez ou outra não vale o esforço de carregar 50 cartões de fidelidade por aí. E tem mais: o valor de um cafezinho grátis não compensa o custo de mudar o caminho para tomá-lo. Em outras palavras, o cartão de fidelidade de um café não afeta de forma significativa o comportamento de compra, pelo menos na maioria dos casos. Por outro lado, o fato de 1,4 milhões de neozelandeses participarem do programa *Fly Buys,* e de o mesmo estar crescendo na ordem de 4.000 clientes por semana, demonstra o quanto os clientes valorizam as viagens aéreas. A lição é bem clara. Quando planejar um programa de fidelidade, assim como quando projetar qualquer produto ou serviço, descubra o que os clientes valorizam, antes de começar.

A segunda armadilha na qual os programas de fidelidade podem cair é fazer com que seja difícil para as pessoas receberem os prêmios. Muitos programas, que oferecem viagens aéreas como prêmio, chegaram muito perto de afastar os clientes de seus programas. Se o cliente não pode conectar-se por telefone, nem que passe a vida inteira tentando, ou se os voos que desejam não estão disponíveis, enquanto ainda são jovens o bastante para viajar, e se o número de pontos necessários fica mudando o tempo todo, então, a sensação de valor diminui, de forma acentuada.

Ofertas especiais

As ofertas especiais são um meio interessante de adicionar o valor extra necessário, para persuadir os clientes a pagarem mais. Assim como os esquemas de fidelidade, esses benefícios extras transformam-se em parte da equação que aumenta nos clientes a sensação do valor. Diferente do desconto, que é uma forma muito dispendiosa de estimular as compras, as ofertas especiais custam bem pouco, porque são entregues a custo de atacado. São soluções de grande efeito para adição de valor, pois a vantagem é percebida a preço de varejo. Postos de gasolina, muitas vezes, oferecem uma lata de refrigerante para compras superiores a $20,00, por exemplo. O cliente percebe o valor da oferta como sendo de alguns dólares, enquanto o custo para a empresa de petróleo é, provavelmente, de apenas alguns centavos.

Prazer e divertimento

Todas as gerações, em todos os países e em todas as classes sociais, dão valor ao entretenimento e à diversão. Os consumidores de hoje não são diferentes. Comprar uma TV em cores, nos próximos dois anos, por exemplo, é o propósito da maioria das famílias na China. Tem prioridade sobre comprar seguro, eletrodomésticos ou equipamento de telecomunicação. Na nossa própria sociedade, todos os telefones celulares e computadores já vêm com jogos instalados e *Play stations. Videogames* e caça níqueis são excelentes negócios. Seguindo a mesma proposição, os carros esportes e conversíveis, que até bem pouco tempo pareciam ter tomado o mesmo caminho dos dinossauros, agora estão ressurgindo com toda a popularidade, e quase todos os grandes fabricantes têm um modelo já no mercado, ou em produção. A maioria dos veículos 4x4 é adquirida por pessoas que não têm nenhuma necessidade prática para eles. Estão comprando divertimento.

> *Os proprietários de veículos 4x4 e conversíveis estão pagando mais pelo divertimento.*

A Liga Nacional de Basquete (NBA) americana estava tendo problemas, há alguns anos, para convencer as pessoas a comprarem entradas para os jogos, não importando qual fosse o preço. Hoje, a NBA atrai uma quantidade enorme de fãs, que estão dispostos a pagar preços altíssimos para assistir aos jogos. As coisas mudaram, quando os organizadores compreenderam que ganhariam mais dinheiro se vendessem o entretenimento e, não apenas, as entradas para o jogo. As imensas somas de dinheiro recebidas pelas estrelas do cinema, músicos e atletas comprovam o quanto valorizamos o divertimento.

Saúde, segurança e longevidade

Acho que, em nenhum outro momento da história, tantas pessoas aproveitaram o luxo de melhorar a qualidade das próprias vidas.

Oxigênio *on the rocks*

Por US$1,19 o litro

Ao adicionar plantas, como *ginkgo* ou erva-de-são-joão aos produtos, os fabricantes de bebidas fazem propaganda de refrigerantes mais saudáveis. Talking Rain Beverage Co., em Preston, Washington, adicionou um outro elemento para tornar a bebida mais saudável: o oxigênio.

Desde o começo do ano de 1998, a empresa está engarrafando o oxigênio especial denominado *Air-water*. É água mineral com 10 vezes mais oxigênio do que o encontrado na água potável normal, de acordo com o fundador da Talking Rain, sr. John Stevens. Para garantir a permanência do ar na garrafa, a empresa informa que a *Air-water* é lacrada por processo eletromagnético. Os folhetos de propaganda anunciam a *Air-water* como uma bebida que auxilia "os músculos a metabolizarem energia" e que dá uma "energia extra".

Stevens, que inaugurou a empresa há 14 anos, admite que os benefícios anunciados ainda não estão bem comprovados. No quesito sabor, ele avisa que a diferença entre *Air-water* e água normal "depende de você ser *connoisseur* de água ou não".

Mesmo assim, ele insiste que a *Air-water* é "extremamente refrescante". Parece que muita gente concorda com ele. Até o presente, também de acordo com Stevens, a Talking Rain já vendeu 1 milhão de garrafas, ao preço médio de $1,19 o litro. E ela tem concorrentes. Muitas outras empresas vêm lançando bebidas incrementadas com oxigênio, com nomes como *Oxy Squeeze* e *Life02*.

Graças à paz mundial, ao aumento da prosperidade e ao fato de a Educação, a Comunicação e a Medicina terem se tornado mais acessíveis, um grande número de consumidores está consciente do que vai proporcionar a eles mais segurança, mantê-los mais saudáveis e prolongar suas vidas. No interesse da própria preservação, vão gastar dinheiro com qualquer coisa que os ajude a manter ou melhorar a saúde e a segurança. Realmente, os produtos e serviços, considerados como capazes de produzir esses efeitos, merecem um bônus. Basta observar os preços dos produtos homeopáticos e naturais, suplementos dietéticos e produtos com plantas, com propriedades medicinais! É provável que ninguém no mundo tenha acesso livre a milhares de quilômetros de praias douradas, como as australianas, mas um recente estudo da Universidade de Queensland revelou que os australianos

ficariam felizes em pagar A$1,95 para visitar as praias de surfistas, se o dinheiro fosse usado para contratar mais salva-vidas.

Os índices demográficos da sociedade ocidental são tais que saúde e segurança vão se tornar cada vez mais uma área de valor bastante lucrativa, à medida que os que nasceram após a Grande Guerra vão envelhecendo. Dezenas de milhões de mulheres da geração pós-guerra, por exemplo, vão sentir os efeitos da menopausa, na próxima década. Pelo menos 4.900 dessas mulheres, por dia, entram na menopausa, nos Estados Unidos. Idosos já são um grande negócio, com 65% deles, nos Estados Unidos, gastando a média de US$10,00 por semana em vitaminas. Serviços de saúde, por telefone, são usados por 46% dos idosos. Fico me perguntando se estão preocupados com preço. Se seu produto ou serviço colabora para que as pessoas permaneçam saudáveis e em segurança, não há necessidade nenhuma de ficar desvalorizando os preços.

Fatos sobre idosos

- 64% gastam a média de US$10,00 por semana em vitaminas.
- 46% utilizam serviços de saúde por telefone.
- 52% não seguem uma dieta saudável, porque isso significaria sacrificar o paladar e o prazer de comer.

Fonte: **American Demographics,** *novembro de 1998*

Novas e emocionantes experiências

Uma das necessidades do ser humano é experimentar coisas novas. Buscamos estímulos e novidades, que sejam excitantes e divertidas. Seja vestido novo, um carro novo, casa nova, uma viagem para um novo destino, gastamos dinheiro, muito felizes, com essas coisas, embora já tenhamos bastante roupa, um carro que funciona bem e o lugar para onde fomos, no ano passado, fosse simplesmente espetacular. O desejo de novidade explica por que algumas manias, como as danças *hula-hula*, *pogo stick* e *pet rock*, fazem tanto sucesso e duram tão pouco! As pessoas pagam mais pela novidade. O Napster está descobrindo, por exemplo, que os jovens estão dispostos a pagar, felizes da vida, a média de US$1,05 para "baixar" uma música, se for um lançamento. Se ela já estiver 18 meses em cartaz, vão pagar somente 27 centavos de dólar.

Precisamos experimentar novidades.

O crescimento da popularidade de comidas típicas serve para exemplificar como as pessoas gostam de coisas novas e diferentes. É a época da gastronomia étnica, na qual qualquer coisa exótica terá espaço, no prato dos clientes. Estão ultrapassados os tipos tradicionais de comida típica, tais como a francesa e chinesa; agora são as do Caribe e do Oriente Médio que estão na moda, e, também, pratos típicos asiáticos, da Tailândia, Coreia e Vietnã. A tendência vai ser em direção a países menos conhecidos, como Argentina, Cuba e Camboja, informam os especialistas. Também acreditam que os donos de restaurante vão explorar regiões específicas, ou mesmo regiões dentro de regiões, assim como combinações de comida tipo cubana e chinesa, para satisfazer ao apetite insaciável por novos sabores.

As novidades, assim como coisas excitantes e repletas de aventura, estimulam o fluxo de adrenalina. Talvez seja essa a explicação para a popularidade de parques temáticos, com montanhas-russas que quase fazem você ter um ataque cardíaco, e férias radicais, pelas quais você paga uma fortuna, para viver em condições primitivas e em regiões perigosas. Quando se acrescenta algo excitante ao produto ou serviço, ou à própria experiência de compra, fica muito mais fácil persuadir os clientes a pagarem mais.

Marca e reputação

Muitas empresas descobriram que vale a pena investir em desenvolver a marca e o bom nome na praça, que estejam associados com a qualidade do produto e serviço e com a assistência pós-venda. Marcas conhecidas e respeitadas ajudam o cliente a fazer uma escolha, nesse mercado repleto de ofertas, dando-lhe a tranquilidade de que acabamos de falar. Os clientes, como você deve saber por experiência própria, vão pagar por isso. Se a marca, além de tudo, vem realçar a autoestima ou representa prestígio, então, vale ainda mais, aos olhos do consumidor.

Um bom exemplo de empresa que induz os clientes a pagarem mais, ao criar marca para um produto de grande participação no mercado, é a British Petroleum. Em 2001, a BP lançou a "Ultimate", uma gasolina de grife que promete mais força e eficiência. Dirigida a um determinado nicho do mercado, a "Ultimate" é vendida 15% acima do preço da gasolina sem chumbo-tetraetila e, atualmente, representa 5% do total de vendas de gasolina da BP. "Identificamos um nicho de mercado, no qual o consumidor é mais bem informado sobre gasolina". diz John Mc Crindle, gerente de desenvolvimento e *marketing* de varejo da BP, na Austrália. "São aquelas pessoas que estão sempre polindo os carros e compreendem que a 'Ultimate' é uma gasolina mais apropriada para o motor".

> Vá além do que os clientes querem hoje, para mantê-los amanhã. Descubra que resultados ou vantagens estão procurando, e desenvolva novas e melhores maneiras de ajudá-los a experimentar esses resultados.
>
> **Quality Progress**

A Zona de Ouro

O objetivo da Zona de Ouro é não só melhorar a qualidade de vida das pessoas, mas enriquecê-la, a ponto de elas sentirem-se mimadas. É o reino da satisfação dos próprios desejos, no qual os clientes estão dispostos a pagar para terem o luxo do conselho de especialistas ou fazerem compras em ambientes suntuosos.

Especialização

O conhecimento sempre valeu alguma coisa e, atualmente, isso é mais que verdadeiro. Em um mundo cada vez mais complexo, no qual os consumidores são bombardeados com um sem-número de opções, a especialização tem seu preço, porque o custo do erro é muito alto. Imagine chegar aos 65 anos e descobrir que vem fazendo as escolhas erradas, em termos de investimentos. Em que posição isso o deixa? Essa situação é real, no caso de venda de empresa a empresa, porque, se os clientes corporativos fazem uma escolha equivocada, isso repercute na capacidade de eles satisfazerem os próprios clientes. Considerando que valor é igual a vantagem menos custo, sempre que puder demonstrar aos clientes que o custo de não usar seu produto ou serviço pode ser muito alto, você poderá cobrar mais.

O conhecimento sempre vale um preço extra.

A vida não é só complexa, é movimentada. Muitas pessoas não têm tempo ou vontade de lidar com assuntos que precisam ser resolvidos. Estamos deixando de ser uma sociedade de pessoas autosuficientes, para virar uma onde vamos ter de pagar para que especialistas nos digam o que precisa ser feito, ou mesmo para que façam as coisas por nós. Mas, para isso, as pessoas precisam confiar nos especialistas, o que significa que eles precisam ter qualificações, conhecimento e experiência, a fim de convencer os clientes de que estão capacitados a cuidar dos seus interesses.

As pessoas vão pagar pela especialização. Um amigo meu comprou um teclado eletrônico, em uma loja, onde o preço estava "correto". Em casa, percebeu que não sabia como usar muitas das funções do instrumento. Quando voltou ao vendedor, descobriu que ele também não sabia. Foi procurar outro fornecedor, que sabia um pouco mais, mas esse não queria ajudá-lo, porque o teclado não fora comprado lá. Se tivesse de repetir tudo, teria pago mais e recebido mais. Quantos de nós aprendemos a mesma lição, sempre da forma mais difícil?

Adquira as qualificações de que as pessoas precisam, prove a elas que as possui e divulgue como poderá ajudá-las. É o caminho para você conseguir persuadir os clientes a pagarem mais.

Personalização

Sem dúvida, esta é a época da personalização. As pessoas querem se sentir especiais e, para isso, vão pagar mais, por produtos e serviços feitos sob medida. É óbvio que objetos projetados para um indivíduo, em particular, funcionam melhor. Neste mundo de 6 bilhões de pessoas, em que a maioria vive nas grandes cidades, manter uma identidade distinta e encontrar um produto ou serviço que funcione perfeitamente é a eterna busca.

A tecnologia da computação não só possibilitou a personalização, como facilitou a sua compra por muitas empresas. Aparelhagens para diagnóstico por imagem, por exemplo, foram desenvolvidas e estão sendo usadas por várias lojas da Europa e Japão. Esses aparelhos fazem o mapeamento de 300.000 pontos do corpo e produzem 48 imagens em vídeo, que podem ser usadas para produzir roupas modeladas especialmente para o cliente.

> De enterros a festas de casamento temáticos, de bijuterias artesanais a sapatos desenhados pela própria pessoa, os consumidores estão buscando produtos e serviços com um toque personalíssimo. De fato, conforme estudo realizado em julho, por American Demographics e Harris Interactive, 85% dos jovens, entre 18 e 24 anos, gostariam de que mais produtos e serviços fossem personalizados.
>
> **Entrepreneur**

Outro excelente exemplo de como a personalização em grande escala pode ser usada para criar valor é o grupo de empresas de gerenciamento de fundos, baseado em Londres, chamado Mercury Asset Management, de propriedade da Merrill Lynch Group. O Mercury lançou recentemente uma revista totalmente personalizada, **The Mercury Investor's Guide**. A publicação de 46 páginas sai duas vezes por ano, personalizada em 7.700 versões! Para desenvolver a revista, o Mercury primeiro identificou os melhores clientes e depois classificou-os em 22 grupos. Em seguida, entrevistou clientes de todos os segmentos, para descobrir o que os diferenciava. Foram feitas pesquisas por telefone e por carta, para melhor compreender os investimentos e as necessidades dos clientes. Depois, o Mercury usou os dados coletados para personalizar a publicação. Além de uma saudação personalizada, o conteúdo é sob medida, considerando a idade e a carteira dos ativos. A resposta dos clientes foi incrível. Nas primeiras três semanas, o guia personalizado atraiu 141% mais negócios do que o guia anterior havia conseguido atrair em quatro semanas. Para marcar o contraste, o Mercury enviou um versão genérica a 5% dos clientes, em cada um dos 22 segmentos, porém nenhum negócio foi realizado.

Ambiente amigo

Todos nós gostamos de ser mimados. Se, pelo menos, tivéssemos dinheiro para isso! Felizmente, um número cada vez maior de pessoas tem conseguido. Produtos e serviços, antes considerados luxo e somente disponíveis para os ricos, hoje podem ser adquiridos pela classe média. Praticamente todos os fabricantes de carros de luxo, por exemplo, projetaram modelos para a classe média. Embora não estejam tão caros, ainda têm preço especial.

Quem não quer ser mimado?

Os consumidores apreciam as coisas boas da vida, mesmo que somente por poucas horas. Restaurantes que combinam comida com entretenimento, livrarias que são cafeterias, e cafeterias que são salas de visitas, todos com capacidade de persuadir os clientes a pagarem mais. Observe como a Starbucks transformou um produto funcional em algo cheio de emoção. Café e cafeterias costumavam ser todos iguais. A única maneira que as respectivas empresas sabiam competir era no preço. Então, a Starbucks apareceu e criou o que os clientes chamam de "oásis de cafeína", um ambiente de encontros, chique e sofisticado, repleto de bebidas exóticas.

O apelo ao luxo e conforto é igualmente importante, quando estiver vendendo de empresa a empresa. Na indústria do turismo, por exemplo, a tendência, na Europa, é para uma divisão clara entre viagem de negócios e de lazer. As maiores companhias aéreas, partindo dos grandes aeroportos, estão aumentando o número de assentos na classe executiva, e, em tal proporção, que alguns especialistas preveem que, daqui a um ano, todos os voos de fim de semana, partindo dos maiores aeroportos, vão ser de classe executiva. Imagine o impacto que um avião cheio de passageiros pagando tarifas da classe executiva vai provocar nos resultados financeiros! Viagens de lazer vão ser deixadas para as companhias aéreas de baixo custo, na realidade desdobramentos das grandes companhias aéreas, que têm uma diferente proposta de valor para seus clientes. Já se pode antever o que vai acontecer, não é? Quando todas as viagens de lazer forem de baixo custo e baixo benefício, algumas empresas vão aparecer com algo diferente, como a oferta de mais luxo a um preço superior, é evidente.

> "Pense naquelas coisas chatas que gostaria que alguém fizesse para você. Há um enorme potencial nesse setor, para empreendedores com imaginação."
>
> *Arnold Brown, analista de tendência nos Estados Unidos*

Melhorando a autoestima

Sentir-se bem consigo mesmo é uma necessidade humana básica e, portanto, qualquer produto ou serviço que supra essa necessidade, vai merecer um preço extra. Muito exemplificativo é o imenso crescimento da indústria do "personalizado". Outros exemplos são os negócios de *spas* e academias, que me parecem ser a combinação que dá forma ao corpo, enquanto desenvolve a capacidade física. Mas talvez o melhor exemplo seja o da indústria de cosméticos, que hoje é tão grande para homens quanto para mulheres. Mais de 80% do custo de produção desses produtos referem-se à embalagem e propaganda, na medida em que as empresas anunciam os produtos como meios para o aprimoramento da autoestima, através do *glamour* e prestígio.

> "Nas fábricas, produzimos cosméticos. Nas lojas, vendemos esperança."
>
> *Charles Revson, fundador da Revlon*

Orgânico e natural

Parece que as pessoas dão mais valor a produtos orgânicos ou que são cultivados sem agrotóxicos: são vistos como superiores àqueles produtos saudáveis, da Zona de Prata. Acredita-se que produtos orgânicos ou que sejam cultivados sem agrotóxicos têm de custar mais. A impressão que se tem é que, neste mundo de coisas sintéticas, qualquer coisa natural tem de ser melhor.

Inovação

No mercado tão abarrotado de hoje, inovação é um fator muito importante para o sucesso do negócio, porque as pessoas vão pagar por algo que seja novo, melhor ou maior. As inovações demandam grande quantidade de tempo e de dinheiro, mas o retorno, na maioria das vezes, justifica o investimento. A Gillette, por exemplo, investiu grandes somas de dinheiro para desenvolver a lâmina Mach 3 que, desde que foi lançada, tem tido um retorno fabuloso por parte dos consumidores, embora custe 50% a mais que a lâmina anterior. Na mesma tendência, a Colgate desenvolveu uma nova pasta de dente chamada Colgate Total, que é a primeira pasta de dente a ser aprovada pela Agência Americana de Alimentos e Remédios (*US Food & Drug Administration*) como medicamento para gengivite. A Colgate Total é vendida a 25% mais que a pasta de dente convencional, e agora é a marca número um. A Toyota desenvolveu o Lexus, e, ao fim de três anos, o carro correspondeu a quase um terço dos lucros operacionais da empresa, embora as vendas do Lexus fossem somente 2% superiores ao volume total da Toyota. A Sony criou o Walkman, em 1979, que, desde então, tem dado imensa parcela de contribuição à crescente rentabilidade da empresa.

> Como criar empecilhos para uma marca tão poderosa, como a *Tide*? Cortar preços não vai adiantar; a *Tide* vai igualar os preços. Fazer mais propaganda? A *Tide* vai gastar mais que você. Só há uma maneira de fazer desaparecer uma caixa de *Tide* das prateleiras: lançar um produto maior, melhor e mais moderno.
>
> *Revista* **Fortune**

A guerra por uma fatia de mercado, entre a Proctor & Gamble e a Unilever, duas das maiores fornecedoras de produtos de limpeza de roupas, vem acontecendo e é vencida pela inovação. O *Tide*, da Proctor& Gamble, tem 40% do mercado, e as vendas cresceram 41% nos últimos cinco anos, principalmente porque a empresa desenvolveu uma fonte constante de produtos novos e aperfeiçoados. A inovação é especialmente importante no supermercado, onde a grande batalha é por espaço nas prateleiras. Lançar um novo produto é uma ótima maneira de ganhar espaço, à custa dos concorrentes. "Quando aparece algo novo, um outro precisa desaparecer", diz Susan Chachill, gerente de classificação de produtos da Kmart.

Causas sociais

Tanto a experiência quanto as pesquisas mostram que as pessoas não se incomodam de pagar mais a empresas que dão apoio às causas sociais. Esse é um fenômeno relativamente recente e não se trata apenas de ser considerada uma empresa politicamente correta, que faz negócios de forma ética. É bastante evidente que os consumidores gostam de estar associados a uma organização que contribui para causas sociais. Será que o consumidor é induzido por sentimento de culpa ou será que sente como se fosse sua obrigação de cidadão? Ou será que os consumidores simplesmente acreditam que as empresas que dão algo em troca merecem a preferência? Qualquer que seja a razão, dar apoio a uma causa social é bom para os negócios. Anita Roddick descobriu essas verdades com o Body Shop, que não admite que testes de cosméticos sejam realizados em animais. Da mesma forma, o McDonald's, com relação à Casa do Ronald McDonald, para pais de crianças hospitalizadas e, na Nova Zelândia, a Westpac Trust, com seu helicóptero, ou o Banco ASB, com seu fundo comunitário.

Esse valor é especialmente fácil de ser produzido. Basta ter margem de lucro suficiente para fazer doações, sem atrapalhar o retorno dos investimentos, e uma grande soma de dinheiro reservada para propaganda, para que todo mundo fique sabendo da contribuição que está dando às causas sociais.

A Zona de Platina

Essa é o ponto máximo, na hierarquia de valor e, portanto, acessível apenas a uma pequena fatia do mercado. Vai além daquele "sentir-se bem" da Zona de Prata ou, mesmo, da gratificação da Zona de Ouro.

"Status" e prestígio

Status é um nível acima da autoestima. *Status* é mais do que se sentir satisfeito consigo. É quando o seu valor é reconhecido pelos demais. É de se esperar que todas as pessoas tenham uma excelente autoestima, mas somente poucas têm *status*.

Toda sociedade têm diferentes níveis de *status*. A Declaração de Independência Americana pode afirmar que todos os homens são iguais, mas a maioria de nós adoraria ser tratado com um pouco mais de categoria que os outros. Muitas pessoas lutam por isso e estão dispostas a pagar mais por produtos e serviços que lhes possam trazer exatamente tal condição. Qual seria a outra explicação para roupas de grife? As lojas estão repletas de roupas com etiquetas da moda, vendidas pelo dobro do preço, embora não pareçam melhores nem sirvam a outros propósitos diferentes dos das roupas sem etiqueta.

> *A lei de oferta e procura significa que qualquer coisa que seja escassa será valorizada.*

Os neozelandeses se dizem socialmente engajados.

A pesquisa denominada *Good is gold*, Relatório da Stillwater / AcNielsen Report, recentemente divulgada, e que se tornou uma fonte de referência, mostra que consumidores e funcionários neozelandeses estão trabalhando em prol das causas sociais e, por conta disso, estão colhendo vantagens nas marcas e na própria reputação.

A pesquisa entrevistou 1.000 neozelandeses e diretores de *marketing* de algumas das maiores empresas da Nova Zelândia, buscando avaliar o nível de conscientização e atitude dos consumidores, frente às empresas que dão apoio a causas meritórias.

O *marketing* relacionado às causas sociais é um posicionamento estratégico e uma técnica mercadológica, que faz a ligação de uma empresa e seus produtos a uma causa ou questão social. É diferente de filantropia.

A pesquisa mostrou que 85% dos neozelandeses têm a tendência de pensar de forma mais positiva sobre uma empresa que faz caridade, enquanto 94% acham uma excelente ideia que as empresas da Nova Zelândia estejam assumindo esse posicionamento. Setenta e quatro por cento dos entrevistados disseram que mudariam de marca se houvesse uma similar que apoiasse uma causa na qual acreditassem, desde que o preço fosse igual, mas **65% disseram que até pagariam mais, para colaborar com uma causa meritória.**

The Main Report

Status é importante, também, no relacionamento entre empresas. Um dos melhores exemplos vem da fabricante de *chips* de computador, a Intel. Seus administradores foram tão competentes em construir uma marca de *status*, que os fabricantes de computadores, orgulhosamente, colam um adesivo no lado de fora dos equipamentos, com os dizeres "Intel inside". Em outras épocas, a Xerox merecia uma recompensa pelo *status* que sua marca carregava, da mesma forma que a IBM.

Escassez

A lei da oferta e procura significa que qualquer coisa que seja escassa será valorizada. As empresas aéreas estão cientes disso e, graças à tecnologia da informação, foram capazes de desenvolver sistemas de determinação de preço bastante complexos, por meio dos quais o preço aumenta quando a demanda aumenta e a disponibilidade diminui. A Coca Cola Company também sabe disso, e, conforme já observei anteriormente, em 1999, a empresa fez uma experiência com uma máquina, na qual o preço da Coca aumentava, conforme a temperatura externa subia. A próxima etapa talvez seja a da máquina que tira Raios X do conteúdo do seu bolso, para descobrir quanto você tem de dinheiro, e estipula o preço de acordo com isso!

Ninguém conhece melhor o valor da escassez que os colecionadores, ou melhor, os que vendem para os colecionadores! Fornecedores de livros raros, selos, moedas, pinturas e móveis antigos sabem que podem obter um valor extra por esses produtos, porque o fator tempo destruiu os que estavam disponíveis. Muitas empresas, porém, descobriram que, se produzirem algo em quantidade limitada, podem estar criando uma escassez imediata. Isso abrange, inclusive, os números das placas de carro personalizadas. Não faz o menor sentido que a placa "A1" deva valer mais que a "M2". Mais uma vez: muitas decisões de compra baseiam-se na emoção.

O valor da escassez está ligado ao prestígio de possuir algo muito especial. Diferentemente dos nossos primos, no reino animal, não estamos satisfeitos em fazer parte do coletivo. A posse de alguma coisa reconhecida como raridade e, por isso mesmo valorizada, vai destacá-lo da turba. Para certas pessoas, isso vale um monte de dinheiro.

RESUMO

- Se quer persuadir os clientes a pagarem mais, terá de providenciar mais valor. É bastante prático pensar em termos de três zonas de valores superiores.
- A Zona de Prata vai além de fornecer excelente serviço ao cliente e transforma o ato de comprar em uma experiência agradável.
- Desenvolver atributos funcionais nos produtos, oferecer suporte, dar reconhecimento pessoal e prêmios, promover ofertas especiais, proporcionar diversão e entretenimento, contribuir para a saúde, segurança e longevidade dos clientes, oferecer novas experiências e criar uma forte marca: tudo isso são características da Zona de Prata.
- A Zona de Ouro vai além de elevar a qualidade de vida. Ela enriquece a ponto de as pessoas se sentirem mimadas.
- Ter grau elevado de especialização, personalizar o produto ou serviço para cada um dos clientes, criar um ambiente com excelente atmosfera e luxo, enaltecer a autoestima dos clientes, oferecer alimentos orgânicos ou naturais, inovar para oferecer produtos e serviços que sejam únicos e dar sua contribuição às causas sociais são atributos dos componentes da Zona de Ouro.
- O máximo na hierarquia de valor é a Zona de Platina.
- As vantagens da Zona de Platina incluem ajudar os clientes a alcançarem o máximo de *status* ou prestígio e oferecer produtos e serviços que sejam únicos e escassos.

Reflexões

- Em que zona de valor está cada um de seus produtos e serviços?
- O que você poderia acrescentar a cada uma das ofertas, para transferi-la para a zona seguinte de valor?
- Que novos produtos ou serviços poderia desenvolver, que se situariam em uma zona mais alta de valor do que essa em que, atualmente, está operando?
- Quanto mais poderia ganhar com os produtos ou serviços se pudesse transferir cada um deles para uma zona mais alta de valor?

CAPÍTULO 7

COMO PERSUADIR OS CLIENTES A PAGAREM MAIS

Vender é transformar valor em moeda.

Não foi um dia legal para Bill Roberts. Como gerente de vendas de uma grande empresa, estava sob pressão constante para alcançar as ambiciosas metas de venda fixadas pelo escritório central. Ontem, essa meta tinha sido aumentada ainda mais, e ele tinha a impressão que o aumento fora necessário para pagar uma despesa extra, causada por outra pessoa da área de *marketing*. Para piorar as coisas, um dos seus melhores vendedores acabara de lhe comunicar que precisava se ausentar por duas semanas. Desesperado para ter pessoas lá fora vendendo, Bill começou a pensar em quem poderia arranjar para substituto. Um dos primeiros nomes que surgiu em sua mente foi Trícia Culvert, uma jovem que começara a trabalhar na empresa há poucos meses. Trícia estava trabalhando na administração e, tanto quanto Bill sabia, não tinha experiência nenhuma em vendas, mas isso não o desanimou. Ela é inteligente e tem excelente habilidade no trato com pessoas, pensou consigo. Decidiu-se a falar com ela.

A mesa de Trícia estava repleta de pilhas de papel, quando Bill chegou.

– Trícia, deixe-me livrá-la desse mundo de papel! – falou.

– Oi, Bill. Jamais poderia imaginar que se preocupava com isso, – disse, meio envergonhada.

– Bem, o que quero dizer... o que acha de largar tudo isso e trabalhar em vendas?

– No momento, parece muito atraente, Bill – ela falou, rindo. – O problema é que não sei nada sobre vendas.

– Isso não é um problema, – disse Bill. – Vender é muito fácil. Em um minuto vai aprender.

– Não acredito muito nisso. Vejo como você e seu pessoal dão duro no trabalho. E sei que não é fácil bater as metas! – acrescentou, enquanto os olhos brilhavam.

– Deixe-me dizer-lhe uma coisa – falou Bill, – Vou mostrar como é fácil. Vamos para a rua. Você escolhe um prédio, e nós entramos. Você escolhe uma pessoa, e eu vou vender um relógio para ela. Aposto como consigo vender em dois minutos de conversa.

– Tudo bem, Bill. Isso é o que eu quero ver.

Saíram para a rua, e Trícia sugeriu que entrassem no primeiro prédio de escritórios que encontrassem. Já na portaria, viram uma recepcionista, atrás de um longo balcão, e, mais atrás, havia algumas pessoas, trabalhando.

– Está vendo aquele homem de cabelos grisalhos? – perguntou Trícia, apontando para um homem sentado, junto a uma das mesas. – Quero ver você vender seu relógio para ele.

Bill aproximou-se do balcão.

– Posso ajudá-lo, senhor? – indagou a recepcionista.

– Gostaria de falar com aquele senhor ali – disse Bill, apontando para o homem que Trícia havia escolhido. – Posso falar com ele, por um minuto, por favor?

A recepcionista foi até ele e cochichou alguma coisa. O homem deu uma ou duas olhadelas em Bill, enquanto ela falava. Parecia confuso. Mesmo assim, veio até o balcão.

– Posso ajudá-lo? – perguntou, um tanto inseguro.

– Senhor, gostaria de vender-lhe meu relógio – disse Bill, enquanto retirava o relógio e segurava-o de modo que o homem pudesse vê-lo. – É um excelente relógio, de muita precisão. Gostaria de comprá-lo?

– Bem... acho que não – o homem gaguejou. Na verdade, não tenho dinheiro para comprar um...

– O senhor não está entendendo – disse Bill, interrompendo-o. – Este relógio é de graça. E não é uma brincadeira. Esse relógio é meu. Funciona muito bem. Na verdade é quase novo. Gostaria que ficasse com ele, como um presente.

Depois de hesitar por alguns momentos, o homem disse:

– Tudo bem. Como no pôquer, vou pagar para ver. – Esticou a mão e pegou o relógio. – Muito obrigado.

Bill virou-se, sorriu e saiu do prédio com Trícia atrás dele, pasma. Lá fora, ele parou e, antes que ela conseguisse dizer uma palavra, falou:

– Viu? Vender é muito fácil. O difícil é vender por um bom preço!

Se está na área de vendas, a sua obrigação é conseguir um bom preço para o produto ou serviço.

No mundo competitivo de hoje, muitos vendedores estão na defensiva. A reação deles – ao fato de lutar para fechar vendas, em um mercado apinhado de ávidos concorrentes e consumidores exigentes – é pegar um lápis vermelho e baixar os preços. Esqueceram-se de que conseguir um bom preço pelos produtos e serviços é obrigação deles. Bill estava certo. Qualquer idiota pode fazer uma doação. E muitos fazem isso!

Por outro lado, vendedores bem-sucedidos estão na ofensiva. Reconhecem que a principal função deles é ajudar a criar suficiente valor nos produtos e serviços fornecidos pela empresa para a qual trabalham, de tal forma que os clientes não vão incomodar-se com os preços cobrados; preços que dão condições de a empresa em que trabalham ter um bom lucro.

Os vendedores deveriam ter um papel primordial na criação de valor, pois são os olhos e os ouvidos da

O truque é aprender como conseguir um bom preço pela mercadoria!

Os vendedores são os olhos e os ouvidos da empresa.

empresa. Estão em contato direto com os clientes e, desde que preparados para fazer as perguntas certas, podem ajudar a empresa a conhecer melhor os clientes corporativos, os problemas que enfrentam e o que estariam dispostos a pagar para ter esses problemas resolvidos. Deveriam passar essa informação adiante, para as pessoas responsáveis pelo projeto de produto, fixação de preços e *marketing* dentro da empresa. Em segundo lugar, vendedores de sucesso vendem com base no valor, não no preço. Esses vendedores sabem que o cliente vai perguntar: "Por que deveria pagar mais?" E estão preparados para essa pergunta, porque compreendem que são os responsáveis pela resposta.

Vendedores que se dão bem apresentam seus produtos e serviços de uma tal maneira que os clientes estão dispostos a pagar o preço pedido, porque percebem o quanto valem para eles as vantagens dos produtos e serviços. Imagine, por exemplo, que seu consultor financeiro liga para você um dia e diz: "Uma seguradora lançou um produto realmente bom. Se for atingido por uma doença grave, como câncer, ou se tiver um ataque cardíaco ou um derrame, vão lhe pagar uma quantia total de $100.000,00. Essa cobertura custa apenas $720,00 ao ano. Posso ir até aí para conversarmos a respeito?"

Em que parte da conversa você está pensando exatamente agora? Provavelmente, no preço. Deve estar imaginando uma facada de $720,00 ao ano, de mais uma seguradora.

Imagine, em vez disso, que o consultor lhe telefone e diga: "Se você soubesse que está com uma doença séria, como câncer, ou se tivesse um ataque cardíaco ou um derrame, que tipo de problemas acha que teria?" Suponha também que, depois de ter mencionado alguns desses problemas, o consultor continuasse: "Se recebesse $100.000,00 em tal situação, acha que isso o ajudaria a lidar com esses problemas?" É provável que você respondesse sim. Afinal, quem não acha que $100.000,00, numa situação dessas, seria muito útil?

"Bem," diria o consultor, "posso fazer com que receba $100.000,00, caso seja ameaçado por uma doença, e isso lhe custaria apenas $60,00 por mês. Está interessado?"

Em qual parte da conversa você está concentrado, desta vez? Aposto que ainda está pensando nos problemas que teria se ficasse seriamente doente. Pode até ser que seu pensamento tenha ido em frente e, agora, já esteja avaliando como gastaria os $100.000,00, caso essa infelicidade ocorresse, mas duvido que esteja pensando no preço do produto.

É a velha história: devemos vender a satisfação do churrasco, não a carne crua. Muitos de nós já ouvimos o ditado, mesmo assim continuamos vendendo a carne crua.

No mundo de hoje, tão preocupado com a saúde, por exemplo, os supermercados estão cheios de produtos dietéticos, sem gordura ou com baixo teor de gordura. A maioria tem nomes como "Blablablá Light" ou "Blublublu Light", porque os fabricantes estão vendendo as características, não as vantagens. É um tolo aquele que vende na base das características, porque os consumidores só compram as vantagens. Uma empresa que compreendeu isso foi a Talley's Frozen Foods, em Montueka, na Nova Zelândia. Deram o nome de "Sem Culpa" a uma sobremesa gelada. Isso é que é vender a vantagem!

Venda a satisfação do churrasco, não a carne crua.

A fim de vender valor, você precisa compreender os problemas que os clientes têm e o quanto lhe pagariam caso você pudesse resolvê-los. Isso fica mais fácil, como já examinamos, se estiver vendendo aquilo que os clientes estão comprando. Lembre-se de que os clientes estão comprando mais rentabilidade, se estiver vendendo de empresa a empresa, ou melhor qualidade de vida, se estiver vendendo direto aos consumidores. A conversa que vier a ter com seus clientes deve estar em conformidade com o que estão querendo comprar. Uma vez pedi a um fabricante de produtos químicos para agricultura que mostrasse o tipo de conversa que teria com os clientes, que eram revendedores. "Sr. Comprador, deveria comprar esse nosso novo produto porque vai eliminar 50% a mais de ervas daninhas que o produto do concorrente. Dura mais tempo e, portanto, dá mais pelo seu dinheiro..."

"É esse o tipo de conversa que teria com o comprador", perguntei, interrompendo a apresentação, "ou essa é a conversa que o comprador deveria ter com o agricultor?" Disse-lhe que eu achava que o problema com essa apresentação de vendas era que, enquanto ele falava em eliminar as pragas, o comprador estava se perguntando quanto teria de investir, qual seria o retorno do investimento, por quanto tempo o estoque permaneceria nas prateleiras, que tipo de suporte de vendas iria conseguir e se poderia devolver o estoque não vendido. "Seus clientes estão pensando em dólares e centavos, e você, em ervas daninhas. Não é de se estranhar, então, que a primeira coisa que o cliente diz,

Você deveria estar falando sobre como melhorar a qualidade de vida do cliente ou aumentar a rentabilidade da empresa.

quando você termina a apresentação é: Quanto de desconto vai me dar?"

Esses vendedores deveriam mostrar aos clientes como os produtos poderiam aumentar o lucro deles. Com certeza, esse é o assunto que interessa aos clientes, quando se está vendendo de empresa a empresa. Certa vez, assisti a uma apresentação de vendas de alguém que compreendia essa proposição, e fiquei muito impressionado. A pessoa era presidente de um pequeno negócio de doces, que fabricava chocolate tipo caseiro. Eis o que relatou. "Vendemos no atacado e, também, temos um pequeno varejo. Um dia, quando estava na loja, o diretor executivo informou-me que gostaria de instalar um equipamento de fazer calda. Pareceu-me uma boa ideia, pois as caldas iriam complementar o tipo de chocolate que vendíamos na loja. Perguntei-lhe quanto o equipamento iria custar.

– Dez mil dólares – respondeu.

– Uau! – surpreendi-me com o custo. – Onde iríamos colocá-lo?

Imaginava um equipamento bastante grande, para custar tanto dinheiro.

– Acho que poderíamos colocá-lo sobre esta mesa – falou.

Disse-lhe que ele estava maluco em pensar que pagaríamos tanto por algo tão pequeno, que caberia em cima daquela mesinha, mas ele me convenceu de que deveríamos, pelo menos, entrar em contato com o vendedor e ouvir o que ele tinha a dizer. Concordei, e duas semanas mais tarde encontramo-nos com o vendedor.

– Gostaria de aumentar a receita da loja em 33%? – perguntou-nos, assim que sentamos.

– Claro – respondi.

– Bem – falou, abrindo uma pasta cheia de fotos, dentro de envelopes plásticos –, primeiro, você compra uma vitrine parecida com esta – disse, ao mostrar a primeira foto – Você não vai querer uma igual a esta aqui – disse apontando para outra fotografia – ou esta aqui. Tem de ser como esta aqui – e explicou por quê. – Agora, desenhe a planta baixa da sua loja – Fizemos o que pediu. – Ótimo, tem de botar a vitrine aqui – disse, apontando para uma parede lateral – Você não vai querer isto aqui ou ali. Tem de ser lá, – de novo, explicou o por quê.

– Bem, você faz de sete a nove diferentes sabores de coberturas – falou. – Não vai querer fazer menos de sete caldas, pois quer que as pessoas possam ter bastante opções, mas, por outro lado, não quer confundi-las. Quando entram na loja, você não deve perguntar se gostariam de provar alguma calda, mas a pergunta é: que sabor gostaria de experimentar?

Assim, por 90 minutos, nos ensinou como vender caldas. Em nenhum momento, fez menção às características do equipamento de fazer caldas.

Desnecessário dizer que compramos o equipamento. Esse era um vendedor que compreendia que seria uma tarefa difícil convencer as pessoas a pagarem $10.000,00 por um pequeno equipamento de fazer caldas, mas que se tornaria uma tarefa relativamente fácil, se pudesse mostrar às pessoas como um pequeno investimento de $10.000,00 podia aumentar as receitas em um terço. E aconteceu. Conseguimos o incremento previsto. De fato, aumentamos a receita para além de 35%, porque cobramos mais do que os $27,00 por quilo que ele sugeriu. 'Não pode cobrar $30,00 por quilo de calda,' disse-nos um dia, espantado com a nossa estupidez.

'As pessoas não compram um quilo de calda', rebatemos. 'Vendemos em porções de 100mg, como sugeriu. Os clientes podem se recusar a pagar $30,00 por quilo, mas pagam $3,00 por 100mg'. E estávamos certos. Pagavam."

Venda o prazer do churrasco.

- Bombeiro-Encanador: "Restauramos o que seu marido consertou".
- Loja de pneus: "Convide-nos para o seu próximo estouro".
- Cirurgião plástico: "Seu nariz? Pode deixá-lo conosco".

- Loja de amortecedores: "Não precisa marcar hora. A gente vai ouvir quando você estiver chegando".
- Boliche: "Tão tranquilo que dá para ouvir um alfinete caindo".
- Consultor: "Envelhecer é obrigatório. Ficar mais esperto é opcional".
- Empresa funerária: "Dirija com cuidado. Nós podemos esperar".
- Oftalmologista: "Se não pode ver aquilo que procura, então você veio ao lugar certo".
- Vidente: "Não ligue para nós, nós é que vamos ligar para você".
- Calista: "O tempo machuca todos os calcanhares".
- Taxidermista: "Somos especialistas, temos bastante estofo".
- Empresa de reboque: "Não cobramos por um braço e uma perna. Queremos levar tudo".

Outro ponto crucial na venda de valor é conhecer os atuais problemas dos clientes, ou os que eles teriam se não tivessem o seu produto ou serviço. Então é preciso fazer com que os clientes compreendam o quanto esses problemas estão lhes custando, ou estariam, no futuro. Se não fizer isso, os clientes vão questionar sobre o preço, porque é a única coisa que conseguem ver, e não sobre o quanto vão gastar se não fizerem a compra.

As pessoas se esquecem de que nada é de graça. Um dia, conversei com um amigo que tentava vender uma bomba d'água de $15.000,00, para o proprietário de loja de congelados, que abatia veados, sob encomenda. O dono do negócio tinha fama de ser muito pão-duro, portanto o vendedor não ficou nem um pouco surpreso, quando a oferta de nova bomba foi rejeitada. Perguntei ao vendedor por que achava que precisavam de uma nova bomba. "Porque os funcionários dizem que a pressão da água é muito baixa", explicou-me. Indaguei por que isso seria um problema. "Por que leva muito tempo para fazer a limpeza. Com pouca pressão, leva mais tempo para limpar com a mangueira d'água", disse. Perguntei por que alguém iria se interessar por isso. "Porque é tempo que poderia ser gasto matando os veados", falou. Indaguei quantos. "Bem, o sujeito que fazia a limpeza disse que leva 10 minutos para limpar e, de acordo com legislação, devem ser feitas três limpezas por dia, então representa meia hora de perda de produção. Poderiam processar seis veados, durante esse tempo". Perguntei quanto ganhavam por veado. "Por volta de $200,00," disse.

"Então, deixe-me ver se entendi", falei. "O proprietário teria a alternativa de comprar uma bomba por $15.000,00 ou deixar de ganhar $1.200,00/dia, devido à perda na produção. É isso mesmo?"

"Acho que já sei o que preciso para falar com o dono", e sorriu.

Esse princípio tem aplicação, mesmo quando não há um problema a ser solucionado, naquele exato momento, mas poderia haver, no futuro. Certa vez, recebi cotações de madeira. Indaguei a um dos fornecedores por que seus preços eram mais altos que os outros. "Bem, há muito fornecedor especialista em fazer madeira Tipo B se passar por madeira Tipo A", respondeu. "Posso garantir que a minha é toda do Tipo A". Comecei a avaliar o que poderia acontecer se, mais tarde, aparecessem problemas estruturais, exatamente porque havíamos comprado madeira de qualidade inferior. Quando imaginei os custos para consertar aqueles problemas estruturais, de repente a cotação do sujeito pareceu boa.

Se é tão fácil persuadir os clientes a pagarem mais, por que tantos vendedores, até mesmo os mais experientes, vendem com base no preço e não no valor? Acho que um dos motivos tem a ver com a noção errada sobre "como vender". Digo isso, porque, três anos atrás, tive a honra de dar uma palestra no *Million Dolar Round Table*, a maior convenção do mundo para consultores financeiros e corretores de seguro de vida. Era uma conferência grandiosa, em Nova Orleans, com mais de 8.000 corretores do mundo todo. Representavam o que havia de melhor no setor, pois, todos os anos, os corretores tinham de se qualificar para a conferência, e os padrões eram muito altos.

Nossa visão sobre "como vender" é equivocada.

Venda valor, fazendo perguntas.

Excelentes apresentações de venda são feitas mediante a técnica de perguntas, que levam o cliente a avaliar as vantagens do produto ou serviço oferecido.

- Qual é o grande problema pelo qual sua empresa está passando?
- Por que isso é um problema para você?
- Quanto esse problema está lhe custando?
- Que soluções já experimentou?
- Funcionaram?
- Com base na experiência, o que acha que teria de acontecer, para que o problema desaparecesse?
- Se pudesse fazer exatamente o que pensa, como isso poderia ajudá-lo?
- Quanto pagaria para ter o problema resolvido?
- Quanto poderia economizar ou ganhar se não tivesse esse problema?
- O que está fazendo no momento para lidar com o problema? Quanto está custando?
- Encontra problemas na hora de utilizar o produto ou serviço? Quanto isso está lhe custando?
- Com que frequência tem de substituir o produto que está usando?
- Qual a cobertura da garantia em vigor?
- Se pudesse entregar mais rápido que os outros, economizaria algum dinheiro?
- Se conseguíssemos achar solução, significaria alguma economia?
- Será que a nossa solução o ajudaria a dar mais satisfação aos clientes? Como isso beneficiaria o seu negócio?

Durante os cinco primeiros dias de palestras dinâmicas, seminários instigantes e entretenimento especial, comecei a sentir que havia uma pauta secreta. Parecia-me que um dos principais objetivos da conferência, que fora organizada por corretores e não pelas seguradoras, era para que esses corretores se convencessem de que vender seguro de vida era uma coisa boa de se fazer. Fiquei surpreso por duas razões. Primeira, esses corretores eram os melhores, então, por que estariam passando por uma crise de confiança? Segunda, seguro de vida, especialmente aquele com vigência determinada, é um produto miraculoso. Afinal, não há muitas coisas que você compra nesse mundo e que você mesmo ou outra pessoa indicada por você tem a garantia de receber, no futuro, num valor muito maior do que se pagou pelo produto. Então, por que aquelas dúvidas todas?

AS CINCO ETAPAS DA VENDA DE VALOR.

1. **Compreenda** que está dando aos clientes a chance de melhorar a qualidade de vida ou a rentabilidade do negócio deles, e que isso vale muito, aos olhos deles, não só aos seus.
2. **Focalize** a atenção dos clientes em potencial no que estão tentando alcançar (melhoria da qualidade de vida ou de rentabilidade) e nos problemas que os estão impedindo de alcançar essas metas.
3. **Auxilie** os clientes a calcularem o quanto esses problemas estão ou poderiam estar custando a eles.
4. **Ajude** os clientes a entenderem quanto as vantagens da sua oferta podem fazer dinheiro para eles, e como a redução dos custos não financeiros pode poupar-lhes dinheiro.
5. **Mostre** a eles como os ganhos decorrentes das vantagens, mais a economia, devido à redução dos custos não financeiros, são inferiores ao preço do seu produto ou serviço.

Comecei a pensar que, mesmo esses vendedores experientes e bem-sucedidos, tinham um posicionamento equivocado sobre como vender. Parecia que a maioria acreditava que vender era uma questão de persuadir os clientes a fazerem uma coisa que não queriam. Será que antes de fazer uma ligação telefônica, os vendedores imaginavam que os clientes, na realidade, não iam querer gastar dinheiro, comprando os produtos e serviço que estavam vendendo? Se for assim, a expectativa é de que estarão lidando com alguém de má vontade, que vai opor inúmeras objeções à compra do que estão vendendo. Mas esta é uma visão errada sobre venda!

Vender não é persuadir as pessoas a fazerem algo que não querem. É dar às pessoas a oportunidade de adquirir soluções para os problemas que as aborrecem tanto que elas estão dispostas a abrir mão de parte do dinheiro que trabalharam tanto para ganhar, a fim de vê-los resolvidos. Pense um pouco na sua própria atitude. Com que frequência tem dificuldade de encontrar uma vaga para estacionar ou encara uma fila enorme para fazer um pagamento? Quantas vezes já ficou frustrado, por não ter conseguido comprar o que procurava? Quantas vezes já andou por toda parte, tentando achar uma coisa de que precisava? Com certeza, teria ficado feliz em pagar por qualquer dessas coisas, se as encontrasse. O mesmo acontece com seus clientes.

Vender é dar às pessoas a chance de comprar soluções para os problemas que as aborrecem.

A escolha é sua.

A escolha é sua. Você pode vender com base no preço ou pode vender com base no valor. Mas é preciso ficar ciente de que, se não vender em valor, vai ter de vender no preço. Também precisa saber que vender no preço, como vimos anteriormente, é perigoso. Mas, o que é mais importante, você não tem a obrigação de vender no preço. Preço é uma das questões, mas não a mais importante. Portanto, as vendas realizadas com base no valor são as que fazem sentido.

O conceito primordial para vendas com base em valor é fazer com que a solução seja tão atraente que os clientes ficarão

aborrecidos se não conseguirem comprá-la. A sua proposta de valor está bem evidenciada? Será que os clientes podem ver, de imediato, que as vantagens oferecidas superam os custos? O método de que se utiliza, para determinação dos preços, é simples e de fácil compreensão? Os clientes têm acesso a um minucioso detalhamento dos preços que cobra, relacionando preço a valor, tanto para vantagens extras, como para custos reduzidos? É dessa forma que vai conseguir com que os clientes comprem, sem precisar dar desconto. É assim que vai conseguir que os clientes paguem mais. Aprenda a fazer isso e nunca mais terá de competir no preço.

Dez poderosíssimas palavras que vendem valor.

Rapidez – Tempo é o item mais valioso para as pessoas.
Garantia – Elimina o risco da atividade de compra.
Simples e fácil – Dispensa qualquer esforço, para usar o produto ou serviço.
Limitado – Escassez é sinônimo de valor, para a maioria das pessoas.
Grátis – Todo mundo adora pensar que está conseguindo uma pechincha.
Você e Seu – Se é personalizado, você dá mais valor.
Importante – Se é importante, deve ser valioso!
Novo – Novo é vigoroso, excitante, de vanguarda.
Aperfeiçoado – Se é melhor, deve valer mais que o anterior.
Luxuoso – As pessoas adoram pensar que estão sendo mimadas.

Ofereça incentivos que produzam resultados.

O papel dos vendedores é crucial, para o sucesso na obtenção de melhores margens de lucro, porque são eles que levam a mensagem de valor para os clientes. Se compreenderem o valor que um produto ou serviço tem para o cliente, se compreenderem a importância de conseguir o melhor preço, e se estiverem motivados a trabalhar para conseguir esse preço, então vão ser capazes de persuadir os clientes a pagarem mais. Para isso, é preciso que os vendedores trabalhem com você. A equipe de vendas e os respectivos gerentes devem compreender que grande quantidade de vendas e fatia de mercado não significam, necessariamente, rentabilidade.

Não tenha medo de cobrar mais, mesmo durante as crises.

Quando entrevisto consumidores para descobrir por que eles compram de um determinado fornecedor, em geral mencionam a confiança que depositam no vendedor como fator decisivo para a compra.

Por que a confiança deveria ser um fator tão importante, em períodos de retração econômica?

Por todo lado, ouve-se dizer que, durante os períodos de crise, os consumidores compram por causa do preço. Nada poderia ser mais falso e equivocado. Nas épocas difíceis, as pessoas compram segurança. Em um estudo sobre a carteira de clientes da IBM, durante o último período de recessão, descobri que, pelo menos no que concerne ao *hardware* de computador, os clientes na verdade pagavam 12% a mais, em média, por equipamento equivalente do que em épocas de economia mais aquecida.

Por quê? Primeiro, porque, durante os períodos de crise as decisões são, provavelmente, tomadas por comissões e, quando a decisão é tomada em grupo, as opções de baixo risco são em geral as favorecidas. Certamente, a opção de baixo risco custa mais. Segundo, porque os compradores se dão conta de que suas decisões poderiam sofrer um análise mais criteriosa dos outros funcionários e não gostariam de ser pessoalmente culpados se o equipamento não funcionasse. O *slogan* mais do que gasto: "Ninguém jamais foi demitido por escolher IBM" foi uma poderosa ferramenta de vendas, mesmo se significasse um preço mais alto.

Então, qual é o conselho mais acertado para vender, em períodos de crise?

Concentre toda a atenção nas melhores oportunidades e não vá correndo atrás de qualquer coisa que se mova. Invista na arte da estratégia, do planejamento, da preparação. Confie em si mesmo. Venda as características de segurança e credibilidade da sua oferta, e não pense que tem a obrigação de competir no preço.

Pensando bem, também são excelentes conselhos para vendas, em tempo de fartura.

Neil Rackman, autor de **SPIN Selling** e, *mais recentemente,* **Rethinking the Sales Force**.

Então, para persuadir os clientes a pagarem mais, primeiro tem de convencer a equipe de vendas de que o trabalho dela é contribuir com a rentabilidade geral da empresa e, não, simplesmente, fechar vendas. Para fazer isso, é necessário que os objetivos e incentivos estejam em sintonia com o principal catalisador de lucro, que em geral é a margem, não o volume. O perigo é que a maioria dos incentivos às vendas coloca os interesses pessoais do vendedor em conflito com os da empresa. Na venda comissionada, por exemplo, uma redução de 5% no preço vai ocasionar uma correspondente diminuição da renda do vendedor da ordem de 5%, mas, para a empresa, os 5% de redução poderiam resultar em perda naquele negócio. Enquanto o vendedor pode raciocinar que 95% de algo é melhor que 100% de nada, o empresário pode preferir não realizar a venda, de forma nenhuma.

Os incentivos relacionados com uma determinada negociação deveriam estar vinculados à margem de lucro obtida ou, melhor ainda, à rentabilidade geral. Os incentivos deveriam, também, estar relacionados com o esforço para manter o cliente, de forma que o vendedor não gaste todo o tempo procurando novos negócios, esquecendo-se, durante o processo, dos atuais e valiosos clientes. Quando estiver buscando novos clientes, certifique-se de que a equipe de vendas é recompensada por trazer o tipo de cliente com os quais você gostaria de fazer negócios. Se os incentivos estiverem relacionados com as margens, com a rentabilidade, com a manutenção da carteira de clientes e com a obtenção do tipo correto de cliente, então pode ficar certo de que seus vendedores estarão atuando segundo os mesmos padrões de sucesso usados pelo restante da empresa.

Resumo

- É sua obrigação conseguir um bom preço para o produto ou serviço.
- Vendedores que se dão bem ajudam a empresa a criar mais valor.
- Vendedores bem-sucedidos vendem na base de valor, não de preço.
- Compreenda que vender não é persuadir as pessoas a fazerem o que não querem; é dar a elas a oportunidade de comprarem a solução para os problemas que as perturbam.
- Venda a satisfação do churrasco, não a carne crua.
- Comprove como a sua oferta vai aprimorar o estilo de vida do cliente ou aumentar a rentabilidade do empresário.
- Compreenda os problemas que os clientes têm e quanto estão perdendo em dinheiro, por causa deles.
- Mostre aos clientes que nada é de graça.
- Ajude os clientes individuais a entenderem quanto valem, para eles, as vantagens dos seus produtos e serviços, e como a redução dos custos não financeiros pode fazer com que economizem dinheiro.

- Ajude os clientes corporativos a entenderem como as vantagens do produto ou serviço podem trazer dinheiro para eles, e como a redução dos custos não financeiros pode fazer com que economizem dinheiro.
- Ensine aos clientes em que medida os ganhos decorrentes das vantagens, mais a economia devido à redução dos custos não financeiros, são menores que o preço do produto ou serviço.
- Os incentivos oferecidos à equipe de vendas devem ser sobre o lucro das vendas ou da rentabilidade da empresa, como um todo.

Reflexões

- Os vendedores estão persuadindo você a baixar os preços ou estão persuadindo seus clientes a pagarem mais caro?
- Em que medida você e os vendedores passam informações para as áreas pertinentes do escritório central, objetivando colaborar com a agregação de mais valor, nos produtos e serviços?
- O que mais você poderia fazer, para ser capaz de passar mais informação?
- Você e os vendedores estão vendendo com base no preço ou no valor?
- Quando vende com base no preço, quanto isso lhe custa?
- Você e os vendedores estão vendendo o prazer do churrasco ou a carne crua?
- O que faria para vender o prazer do churrasco, de forma mais eficaz?
- Quais das cinco etapas da venda, com base em valor, poderiam ser realizadas de forma mais eficaz?
- Como poderia melhorar sua eficiência?
- Está recompensando a equipe de vendas pelas atitudes corretas?

CAPÍTULO 8

COMO LIDAR COM AS RECLAMAÇÕES CONTRA OS PREÇOS

Uma objeção é algo a ser contornado, não um motivo para redução de preço.

Evidente que os clientes vão falar sobre preço. Afinal, como mostrou a história da concessionária de energia elétrica, fomos nós que ensinamos aos clientes que preço é o grande problema. Mas, apesar disso, não é a questão central. Valor é. Os clientes não querem preços baixos, querem melhor valor. Querem, especificamente, aumentar os próprios lucros, se são clientes corporativos, ou melhorar a qualidade de suas vidas, se indivíduos. É verdade que os clientes acreditam, e quase sempre erroneamente, que o fato de comprar produtos e serviços mais baratos vai ajudá-los a obter melhor valor; mas, como nos ensina a experiência, preço baixo nem sempre representa melhor valor. O truque para lidar com objeções aos preços, portanto, é fazer com que os clientes se recordem dessa lição.

Faça com que os clientes se recordem de que preço baixo nem sempre significa melhor valor.

Os clientes, porém, vão fazer reclamações contra os preços. Aceite-as, e como bom escoteiro, esteja preparado para isso! Tanto os clientes, como, provavelmente, você também, vão se questionar: "Por que deveria pagar mais?" Conforme discutimos antes, é sua obrigação ter respostas a essa pergunta. Aqui estão algumas estratégias para lidar com objeções aos preços que, já comprovei, funcionam muito bem.

Tome a iniciativa e converse sobre preço.

Prevenir é sempre melhor que remediar. Portanto, uma das maneiras mais eficazes de se lidar com o assunto preço é provocá-lo, antes que o cliente em potencial o faça. Há cinco vantagens em ser o primeiro a levantar a questão preço. Antes de mais nada, permite-lhe controlar as expectativas do cliente. Poderia dizer, por exemplo: "Este não é o carro mais barato do mercado..." Esse tipo de declaração cria na mente do cliente a expectativa de que preço não será a questão primordial, e de que vai pagar mais caro, mas por uma boa razão.

> "Não é nada esperto pagar além do devido, mas pior ainda é pagar menos. Quando se paga em excesso, perde-se um pouco de dinheiro, e ponto final. Quando se paga menos, às vezes perde-se tudo, porque o que se comprou não serviu ao fim proposto.
>
> O denominador comum, necessário ao equilíbrio dos negócios, proíbe pagar pouco e levar muito. Se você está negociando com o proponente de menor custo, é melhor acrescentar um extra, para cobrir o risco que está correndo. E se pode fazer, é porque tem o bastante para pagar por algo melhor."
>
> *John Ruskin*

Em segundo lugar, se provocar o assunto do preço antecipadamente, estará demonstrando que você confia não só no valor do produto ou serviço, como no preço que cotou para esse valor. Isso envia mensagens diretas que informam: "Não faz o menor sentido discutir preço. Estamos certos de quanto nossa oferta vale". Em terceiro lugar, trazer o tema preço, logo no início da discussão, é uma forma de classificar o que o comprador deseja e de permitir que pessoas, por exemplo, que estejam à procura de carros mais baratos, desistam dessa compra, poupando o tempo de todos. Muitos vendedores ficam em dúvida se tomam ou não uma atitude assim, porque não querem fazer nada que possa prejudicar a venda. Eles precisam lembrar-se de que o objetivo não é fazer uma venda. É fazer uma venda lucrativa.

A quarta vantagem obtida ao tomar a iniciativa e conversar sobre preço, é que, a essa altura, preço não é o problema. Os clientes estão interessados em saber outras coisas. Preço é apenas uma delas. Como consequência, levantar o preço na sua abordagem inicial de venda permite-lhe ir adiante e vender valor. Então, você poderia argumentar: "Este não é o carro mais barato do mercado, mas é um dos veículos mais seguros e confiáveis que pode encontrar". Tendo em vista que o cliente quer compreender o valor que o produto ou serviço pode oferecer, estará aberto para ouvir o que tem a dizer. Ele não vai ter essa mesma disposição mais tarde, quando estiver tentando obter redução de preço. E aí, qualquer coisa que for dita, vai ser vista como uma tentativa de rebater a posição dele para baixar o preço. Em vez de ouvi-lo, ele vai estar pensando em como refutar o que você está dizendo.

A quinta e maior vantagem de trazer o assunto preço, no início da venda, é que esse assunto fica desde cedo resolvido. Na maioria das vezes, enquanto estiver conversando com o cliente sobre as vantagens do produto ou serviço, ele estará pensando consigo mesmo: "Ah... mas quanto será que isso vai me custar?" O que significa que não está prestando 100% de atenção em você. No caso de não ouvir o que você diz, qual o sentido de ficar falando? Para piorar as coisas, você sabe que ele está fazendo isso e, então, enquanto estiver fazendo sua apresentação, estará pensando: "Em um minuto vai me perguntar sobre o preço e, quando lhe disser, vai reclamar que está muito alto. Como lidar com isso?" Portanto, você não tem 100% da própria atenção! Qual o resultado de sua apresentação, se você está pensando apenas parcialmente no que está dizendo e o cliente está ouvindo também apenas parcialmente?

Solucione a questão preço logo no início. Mostre aos clientes que tem certeza de que o preço cobrado reflete o valor que vão obter com a compra. Prove aos clientes que não está nem um pouco constrangido com o preço e que não tem medo de conversar a respeito.

Acredite no produto ou serviço.

Há dois anos, fui convidado por uma empresa para fazer uma palestra, na reunião anual. Um gerente de alto nível entrevistou-me e parecia entusiasmado em ter-me como palestrante. Explicou-me, porém, que a decisão final era do diretor executivo e que entrariam em contato, em seguida. Na semana seguinte, o diretor executivo enviou um fax, confirmando que gostaria que eu fizesse a apresentação. "O problema é que a diretoria é bastante econômica, então, por favor, considere reduzir os honorários".

Descubra o valor daquilo que está oferecendo e acredite nele.

Bem, preciso admitir que houve época em que iria automaticamente reduzir o preço, devido à pressão do cliente, mas esses dias felizmente acabaram. Devolvi o fax, com uma pergunta rabiscada na parte inferior: "Vocês merecem o melhor?" Após uma hora, mandaram um fax, dizendo que aceitavam o preço original. A experiência, com certeza, causou algum impacto, porque quando meses depois falei na conferência, o diretor executivo, ao fazer minha apresentação, contou aos funcionários o que havia acontecido. Sugeriu, então, que fizessem a mesma coisa, da próxima vez que um dos clientes em potencial tentasse diminuir o preço.

O produto ou serviço deve oferecer valor aos clientes, ou ninguém jamais o comprará. Descubra-o e acredite nele. Conforme-se com o fato de que muitas pessoas vão reclamar do preço, com o único propósito de vê-lo recuar. Esteja preparado para isso. Quando uma pessoa reclamar do preço, olhe-a bem nos olhos e diga: "Temos certeza de que vale exatamente isso. Se quiser receber o valor agregado ao produto ou serviço, esse é o preço que terá de pagar". Lembre-se de que, quando abaixa o preço, está diminuindo a importância das suas próprias qualificações e esforço, assim como os da empresa. Tanto quanto posso me lembrar, até mesmo Karl Marx concordou que a pessoa é valorizada pelo seu trabalho.

Prove que preço não É o problema.

Eu estava apresentando um seminário sobre determinação de preços e pude reparar que um dos participantes estava ficando extremamente impaciente. Afinal, não pôde mais se conter: "Tudo isso é muito bonito," falou, de repente, "mas o que fazer quando os clientes reclamam do preço?"

Um outro participante sorriu. "Vou lhe dizer o que faço", falou, com os olhos brilhando. "Quando o cliente reclama do preço, sobretudo quando diz que poderia comprar mais barato em outro lugar, dou por terminada a reunião de vendas e começo a arrumar o material. 'Provavelmente você está certo', eu digo. Então, olho na direção de algo que ele esteja vestindo. 'Mas que bonita gravata', digo.

Em geral, o cliente fica satisfeito com o comentário e responde algo assim: 'Oh! você gosta? Comprei naquela loja'.

Então comento que deve ter comprado a gravata mais barata da loja. Como, em geral, ele fica ofendido, ao ouvir isso, responde: 'Na verdade, não era, não'.

Aí, eu pergunto: 'Se não era a mais barata, por que a comprou?' Ele responde que comprou por causa da qualidade, ou desenho, ou algo parecido. Então, escolho outra coisa que esteja vestindo e repito as mesmas etapas. Depois de ter passado por tudo o que posso ver que esteja vestindo, fica claro para nós dois que raramente ele compra algo por ser o mais barato. Assim, pergunto: 'Se não compra as roupas mais baratas, por que compraria os equipamentos mais baratos? Suas roupas têm pouca repercussão no sucesso do seu negócio, mas o valor dos produtos e serviços que compra tem um impacto colossal'.

Com certeza, o cliente em potencial não está vestindo nenhuma roupa comprada somente por causa do preço.

– Isso liquida com a maioria das objeções aos preços, e soltou uma gargalhada".

Muito interessante o ponto de vista dele. Como já vimos, uma das maiores mentiras que envolve os negócios é que o preço é o problema. Muitos de nós, embora saibamos dar valor ao dinheiro, não baseamos a decisão de compra em preço, ou somente no preço. Se ajudar os clientes a compreenderem isso, eles estarão propensos a reconsiderar a reação a sua oferta.

Compreenda o que os clientes estão dizendo.

O que significa quando as pessoas dizem: "É muito caro," ou "O preço está muito alto?" Presumimos, claro, que estejam reclamando do preço, quando, na verdade, poderiam estar dizendo: "Estou ciente de que sua oferta vale o que pede, mas não posso comprá-la". Ou talvez: "Poderia comprá-la, mas, se fizer isso, terei dificuldade de caixa".

Uma objeção ao preço pode significar um porção de coisas, muitas das quais não têm nada a ver com dinheiro. Numa outra época já bem distante, eu era psicólogo e tinha uma clínica particular. Sempre achei que a primeira sessão era a mais complicada. Tinha de entender o paciente e estabelecer um relacionamento com ele. Depois tinha de conhecer a vida dele, os problemas que enfrentava, por que tinha vindo até a clínica e o que esperava obter. Também tinha de chegar a um diagnóstico, propor um plano do tratamento e vendê-lo ao paciente. E tudo isso em apenas uma hora!

Um dos assuntos que tinha de discutir com os pacientes, ao final da primeira visita, era sobre honorários. Precisava convencer a pessoa, que, em geral, se sentia confusa e mesmo sem esperanças, que valia a pena despender o dinheiro tão difícil de ganhar, pois não havia cobertura do plano de saúde para receber meus serviços. Havia ocasiões em que alguém dizia que não podia pagar. Minha resposta usual era: "Compreendo, e exatamente por achar que é tão importante para você receber ajuda, vou tratá-lo de graça".

Quanto estão dispostos a gastar?

Geralmente os clientes argumentam que só podem gastar uma determinada soma, quando, na realidade, têm condições de gastar mais por um bom negócio. Como ter certeza? Diga algo assim: "Compreendo que está disposto a pagar até $100,00, mas se lhe mostrasse algo por $200,00 que funcionasse tão bem quanto aquele que vendo por $500,00, estaria interessado?" A resposta vai sinalizar se o limite de preço é verdadeiro.

The Main Report

Quase sempre a pessoa respondia: "Obrigado, mas na verdade não é uma questão de dinheiro. É que tudo parece tão assustador. Tenho medo do que possa vir à tona, se ficar buscando lá dentro". A barreira à consulta não era o preço. Era o medo. Preço era a desculpa que estava mais à mão.

Escute o que os clientes têm a dizer. Eles vão contar tudo o que você precisa saber para persuadi-los a pagarem mais.

No mundo dos negócios, quando as pessoas reclamam do preço, em geral estão dizendo: "Não vejo valor nisso". De acordo com pesquisas informais que faço junto aos participantes nas minhas conferências, muitos dos ocidentais reagem negativamente às tarifas cobradas pelos bancos e, na verdade, acreditam que estão pagando mais do que recebendo. As pessoas têm essa sensação porque, como analisamos no Capítulo 4, não conseguem ver o valor nas tarifas que pagam. Todos os meses, esses clientes revisam os extratos bancários e se irritam com as tarifas de 25 centavos por cheque emitido, \$3,00 por saque em dinheiro, \$30,00 de manutenção de conta-corrente.

Escute o que os clientes têm a dizer. Eles vão contar tudo o que você precisa saber para persuadi-los a pagarem mais.

Contudo, parece que não se importam em pagar $1.234,79 de juros sobre a hipoteca ou $345,26 de juros sobre a prestação do carro. Por quê? Porque percebem que, se não pagarem $1.234,79 todo mês, não poderiam morar naquela maravilhosa casa. Em outras palavras, reconhecem o valor dessas despesas. O mesmo não pode ser dito da enxurrada de tarifas mensais que os bancos cobram. Um banco queria, realmente, mudar isso e, então, perguntou-me como poderia vender o valor representado pelas tarifas. Disse-lhes que a primeira coisa a fazer era identificar o valor. Começaram a providenciar a identificação e, depois, voltaram com o seguinte comentário: "Encontramos duas tarifas para as quais não conseguimos encontrar valor. Como devemos vendê-las?"

Quando os clientes reclamam do preço, não vá presumindo que é do preço que reclamam. Faça perguntas e escute cuidadosamente as respostas, para compreender qual o verdadeiro problema. Quando encontrá-lo, será capaz de descobrir uma forma de lidar com ele. Mas, antes de mais nada, precisa compreendê-lo. Tempo gasto em escutar os clientes nunca é tempo jogado fora, porque eles vão lhe dizer tudo o que você precisa saber para persuadi-los a pagarem mais.

Dê aos clientes a "munição" de que precisam para comprovar a excelente compra que fizeram.

Ajude os clientes na obtenção de resultados satisfatórios.

Muitos clientes se preocupam com o preço, porque sabem que vão ter de justificar a compra e o preço pago perante o chefe ou equipe à qual devem prestar contas. Em vista disso, enquanto você está explicando o valor do que está vendendo, já vão prever o que o chefe vai perguntar: "Por que pagou tanto por essas coisas? Podíamos tê-las comprado mais barato na ACME". Os clientes também podem sentir que não têm uma justificativa que dê suporte à decisão de haver pago o preço pedido. Como ninguém quer fazer papel de idiota na frente do chefe, vão tentar reduzir o preço.

Vale a pena economizar alguns centavos?

Claro que poderia convencer o cliente de que o preço é justo e razoável, mas considerando que esse não é o verdadeiro problema, provavelmente você não vai se sair bem. A alternativa é dar ao cliente "munição" para que consiga convencer o chefe de que fez uma excelente compra. Prepare uma "lista de provas irrefutáveis", descrevendo como as vantagens dos produtos e serviços superam os custos de compra, e os motivos por que é inteligente gastar aquele pequeno extra para obter essas vantagens. Então, examine esses fatos em conjunto com o cliente e deixe uma cópia da "lista de provas irrefutáveis" a fim de que ele tenha a "munição" necessária para uma boa atuação frente ao chefe. Tal tipo de ação vai funcionar melhor se levar em consideração que o chefe do cliente é o cliente do cliente. Descubra tudo o que puder sobre o que essa pessoa está procurando e quais os obstáculos que encontra pelo caminho. Observe a que dá valor e que itens coloca na lista de compras, do mesmo modo que faria com o comprador em potencial. Depois, use essas informações para mostrar ao cliente como fazer com que seu chefe seja bem-sucedido.

Ressalte o que pode acontecer de ruim, se não comprarem de você.

Como mencionamos, nada é de graça. Para cada vantagem que se recebe, paga-se um preço; mas, em geral, as pessoas esquecem-se disso, quando compram coisas. O seu trabalho é lembrar a elas.

Seja como empresários ou indivíduos, todos nós investimos grandes quantidades de tempo, esforço e emoção para obter algo.

Em consequência, o preço de compra é quase sempre o item mais barato a ser pago. Lembrar isso aos clientes pode ajudar a persuadi-los a pagarem mais.

É preciso compreender o que o cliente está tentando fazer. Quais são os riscos? Onde poderiam sofrer perdas? O quanto lhes custaria, em termos de dinheiro ou custos não financeiros, se o produto ou serviço os deixasse na mão? Como são essas despesas comparadas com o preço de compra? Essas reflexões deveriam ser suficientes para permitir-lhe lidar com objeções aos preços. Certa ocasião em que estava fazendo uma grande reforma na minha casa, perguntei ao comerciante de madeira por que os preços que havia cotado eram um pouco mais altos que os praticados por outros fornecedores.

Um mau desempenho por parte de um fornecedor poderia causar muito aborrecimento ao cliente.

Será que o cliente vai querer assumir esse risco só para economizar alguns dólares?

"Tem gente no mercado que faz maravilhas com uma lata de tinta em *spray*", disse. Quando lhe perguntei o que queria dizer com isso, explicou-me que alguns fornecedores de baixos custos estavam vendendo madeira Tipo B como se fosse do Tipo A, e que essa era a razão dos preços mais baixos. Comecei a pensar nos problemas que teria se usasse madeira de qualidade inferior, e no quanto custaria solucioná-los. De uma hora para outra, os dólares que poderiam ser economizados deixaram de ter importância. As maneiras de lidar com as objeções de preço deveriam ser úteis na venda de empresa a empresa, porque o custo em potencial, no caso de as coisas darem errado para os empresários, é altíssimo. Se forem enganados pelos fornecedores, vão desapontar os clientes, o que pode ser um desastre para o negócio.

Lembre-se de que esse É o seu trabalho.

> *Qualquer idiota pode riscar um número e escrever uma cifra menor embaixo, e muitos fazem isso mesmo!*

Os clientes vão levantar objeções aos preços porque fizemos um ótimo trabalho, ao convencê-los de que preço era o problema mais importante. O seu trabalho é lidar com essas objeções, e o primeiro passo para isso é estar preparado. Diga para si próprio que, primeiro, os clientes vão reclamar do preço, não importa qual seja, e, segundo, é sua obrigação, na função de vendedor, lidar com as objeções. Em seguida, prepare-se para marcar uma reunião de vendas e junte toda a informação que puder sobre os negócios do cliente.

O que os clientes do cliente estão querendo dele? Como o produto ou serviço pode ajudá-lo a satisfazer os clientes? Descubra quem são os "clientes" do seu cliente. Em outras palavras, a quem devem justificar a decisão de compra e o preço pago? Assim que souber disso, dê ao cliente munição necessária para provar que tomou a decisão correta, quando comprar de você ao preço que pediu. Caso o cliente reclame do preço, não se abale. Qualquer idiota pode riscar um número e escrever uma cifra menor embaixo, e muitos fazem isso mesmo! Prove ao cliente que o custo de um preço justo é, normalmente, inferior ao custo de uma pechincha. Afinal, nada é de graça.

Resumo

- Os clientes vão levantar objeções aos preços; então, esteja preparado.
- Uma das melhores estratégias é levantar o assunto preço antes que o cliente o faça.
- Acredite no valor do que está oferecendo. Saia em defesa desse valor.
- Prove que preço não é uma questão primordial, quando o cliente faz compras para si próprio. Então, por que deveria ser, quando compra para a empresa ou para a família?
- Compreenda aquilo que os clientes estão dizendo, de verdade, quando reclamam do preço.
- Ajude os clientes a alcançarem sucesso. Dê-lhes a munição de que precisam para provar que compraram corretamente.
- Nada é de graça. Enfatize o que de ruim pode acontecer, se não comprarem o seu produto ou serviço.
- Não se deixe abalar com a pressão exercida pelo cliente para dar desconto. É seu trabalho conseguir um bom preço.

Reflexões

- Que tipos de objeções os clientes levantam, com relação aos preços que você cobra?
  Desenvolva uma estratégia para responder a cada uma delas.

Capítulo 9

Como tirar proveito dos relacionamentos com clientes

"Aos poucos, os relacionamentos humanos estão perdendo a importância, no jogo da compra e venda".

Jack Welch, General Electric

Uma de suas metas deveria ser obter o máximo lucro possível de cada relacionamento com o cliente. Para fazer isso é preciso conhecer a chave que abre a carteira dele. Em outras palavras, quanto está disposto a gastar durante um ano, com os produtos e serviços que você e os concorrentes estão oferecendo. Em segundo lugar, é preciso saber que percentual dessa quantia provavelmente lhe caberá, ou seja, qual será a sua "participação na carteira de dinheiro do cliente". Em terceiro lugar, é preciso desenvolver relacionamentos e usá-los para persuadir os clientes a gastarem uma soma maior de dinheiro com você.

É possível aumentar a participação do cliente, no total de gastos, de quatro modos. Você pode persuadi-los a:

1. pagarem preços mais altos;
2. comprarem maiores quantidades de produtos e serviços;

3. comprarem outros produtos e serviços que você tenha para vender;
4. permanecerem fiéis por um período mais longo, para que haja tempo de cumprir as etapas acima.

Faça com que os relacionamentos funcionem.

A melhor maneira de persuadir os clientes a lhe darem maior participação nos gastos é desenvolver um relacionamento com eles. O problema é que os clientes não querem ter um relacionamento com você. Provavelmente, já estão tendo problemas suficientes com outros relacionamentos, e não têm tempo, nem energia para desenvolver mais um! Não obstante, querem ver as próprias necessidades satisfeitas e os problemas resolvidos. Se o relacionamento com você pode ajudá-los nesses pontos, provavelmente irão reagir positivamente as suas investidas. Jamais se esqueça de que, aos olhos do cliente, o relacionamento não é um fim em si mesmo, mas um meio. Não querem a relação, querem ver suas necessidades satisfeitas. Se o fato de terem um relacionamento com você significa que você compreende melhor as necessidades que eles têm, se significa que fica mais fácil e mais rápido conseguir o que desejam e que obtêm valor extra por serem reconhecidos como clientes especiais, então, o tempo e energia que gastam para desenvolver um relacionamento vai valer a pena. Se deseja que os clientes valorizem o relacionamento, é preciso que eles acreditem que conseguem vantagens superiores aos preços que pagam.

Algumas das coisas que fazemos para construir relacionamentos com os clientes são, em geral, as mesmas que estão destruindo esses relacionamentos. Muitas vezes, não cumprimos com as etapas básicas de construção da relação, na pressa de coletar os possíveis retornos dela decorrentes.

The Harvard Business Review

Também para você, os relacionamentos deveriam significar os meios para alcançar um fim. Como vai investir uma enorme quantidade de tempo e dedicação para desenvolver uma relação com os principais clientes, precisa ter certeza de que haverá retorno. Poderá lucrar com o investimento se usar o relacionamento para aprender mais sobre os clientes. O aprendizado inclui o que deveria fazer para persuadi-los a pagarem preços mais altos, a aumentarem a quantidade de produtos e serviços que compram de você ou a comprarem outros produtos e serviços.

Aproveite os relacionamentos para compreender isto:

- O que os clientes valorizam.
- Quais os seus sonhos, metas e objetivos.
- Que obstáculos encontram pelo caminho.
- Como administram os negócios.
- O quanto valeria para eles ter seus problemas solucionados.
- Que tipo de problema têm por fazer negócios com você.
- Quais os melhores clientes que têm.
- O que é importante para os clientes deles.
- Que tipo de problema enfrentam para satisfazer os próprios clientes.
- Em quais situações você terá lucro.
- Quanto gastam com você e os concorrentes.
- Aos olhos dos clientes, o que o faz diferente dos concorrentes.

- Por que compram de você.
- De que sentiriam falta, se sua empresa desaparecesse.
- O que você faz por eles que ninguém mais faz.
- O que ninguém está fazendo para eles.
- Se seria possível fazer mais negócios com eles.
- O que teria de fazer para conseguir mais negócios.
- O que você faz que não lhes interessa.
- O que você faz que os irrita.
- Quem gosta e quem não gosta de você, na empresa do cliente.
- O quanto eles apreciam o relacionamento com você.
- O que facilitaria a vida deles.
- Que clientes gostaria realmente de manter.
- Com quais empresas não deveria fazer negócios.
- Com que assiduidade deveria telefonar para os clientes mais importantes.

Com base na minha experiência, posso dizer que nenhuma empresa faz isso. Poderia pensar em muitos fornecedores que têm trabalhado bastante para manter um relacionamento comigo. É claro que tiro vantagens dessas relações, e é justamente por esse motivo que os fornecedores se aproveitam da continuidade dos negócios. Entretanto, não estão usando o relacionamento para aprender mais sobre mim, a que dou valor e o que deveriam fazer para que me interessasse em fazer mais negócios com eles. Total desperdício!

Até mesmo aquelas empresas que operam no setor de gerência de relacionamento com o consumidor (GRC) não se aproveitam de todas as vantagens que essa oportunidade lhes oferece. Em vez de usar os relacionamentos para se aproximarem dos clientes, utilizam-se deles para forçar os clientes a agirem de forma a que satisfaçam os próprios interesses. Os bancos têm especial vocação para isso. Muitas vezes, escutei banqueiros comentarem: "Precisamos gerenciar o cliente no relacionamento". Estão falando sobre manejar o cliente por meio de um relacionamento, em vez de gerenciar o relacionamento com o cliente, para que ambas as partes saiam ganhando.

Muitas pesquisas mostram que as empresas não estão alcançando os benefícios que esperavam conseguir com os investimentos no GRC. Talvez o motivo seja esse mesmo. Não faz o menor sentido desenvolver um GRC, se não estiver disposto a colocar o cliente no centro do universo e a investir em aprender o máximo possível sobre ele, para depois usar essas informações e mudar a forma como administra seu próprio negócio. Em outras palavras, faz pouco sentido investir em GRC, salvo se estiver preparado para tornar-se uma empresa devotada ao cliente.

Reter clientes é a estratégia n.º 1.

O cliente com quem mais facilmente você vai criar um relacionamento é aquele que você já tem e, portanto, sem grande esforço, vai poder persuadi-lo a dar-lhe maior participação nas compras. Clientes que já o conhecem e que tiveram uma experiência satisfatória ao comprar com você, no passado, estarão menos preocupados com preço e mais dispostos a aumentar a quantidade das compras. Isso é ainda mais verdadeiro para clientes que acreditam que você seja parte importante do sucesso deles. Esses clientes vão considerá-lo como parceiro, e, se isso acontecer, o preço provavelmente não vai ser um fator importante, na hora da decisão de compra.

O cliente mais fácil de ser persuadido a pagar mais é aquele que você já tem.

Infelizmente, a maioria das empresas não consegue estimular os relacionamentos com os atuais clientes, porque estão mais empenhadas em angariar novos clientes. Isso não faz o menor sentido, porque os lucros de amanhã virão mais facilmente dos clientes de ontem, que retornam para comprar mais e por preços mais altos.

Deixar de cuidar dos clientes existentes resulta em um alto custo de oportunidade, além de alto custo direto. Foi gasto dinheiro para atrair e vender para eles, e, se a empresa não utiliza essa relação para retê-los, terá desperdiçado grande parte do investimento. Pode até mesmo envolver altas somas de dinheiro, pois há estudos indicando que, na média, as empresas perdem 50% dos clientes a cada cinco anos.

Qual é o valor da "vida útil" dos clientes mais importantes?

1. Pense em um dos mais valiosos grupos de cliente.
2. Agora, calcule quanto um cliente padrão desse grupo gasta por mês.
3. Multiplique o número por 12, para calcular o gasto anual.
4. Multiplique o gasto anual por 15, para chegar ao valor da "vida útil".
5. Quantas pessoas parecidas com ele o cliente poderia recomendar para comprar com você?
6. Quanto cada uma delas poderia gastar por ano?
7. Multiplique o número por 15 e depois multiplique o resultado pelo número de pessoas que acha que o cliente poderia influenciar.
8. Vale a pena investir tempo e dinheiro, desenvolvendo um relacionamento com aquele cliente inicial?

A maioria das empresas, entretanto, não faz a menor ideia de quanto estão desperdiçando, pois poucas sabem exatamente quantos clientes perdem por ano ou quanto essas deserções representam em termos de negócios. De acordo com um estudo recente, realizado pela KPMG, com 2.000 empresas australianas e 1.000 neozelandesas, 66% dos Diretores Executivos declararam que manter os clientes mais rentáveis era o mais importante objetivo de *marketing*. Desses, porém, 72% não conseguiam identificar os clientes que estavam prestes a desertar, 70% não sabiam qual a proporção anual de deserção, e 45% não faziam a menor ideia de por que os clientes sumiam. Daqueles que sabiam o percentual de deserção, 10% disseram que, a cada ano, perdiam 20% dos clientes.

As conclusões do estudo da KPMG levaram os pesquisadores a concluir que a maioria dos Diretores Executivos não compreende o conceito do valor da "vida útil" de um cliente. Em consequência, não estão cientes de quanto vale um cliente fiel e, portanto, não compreendem o custo da deserção do cliente, nem o quanto essa perda representa para eles. Quando os gerentes mais experientes dessas empresas calculam quanto a deserção de um cliente está lhes custando, então a estratégia número 1 passa a ser a retenção do cliente atual!

Há muito que se ganhar com um relacionamento duradouro com os clientes. Alguns estudos revelam que, se uma empresa reduzisse em 5% o percentual de deserção de clientes, poderia dobrar os lucros. Outra pesquisa demonstra que uma redução da deserção da ordem de 2% teria um efeito nos resultados financeiros igual a um corte de 10% nos custos.

Aproveite o relacionamento para desenvolver uma experiência enriquecedora.

Uma das grandes mentiras no mundo dos negócios é achar que clientes satisfeitos são clientes fiéis. Nada é menos verdadeiro. Uma vasta gama de estudos demonstra que até 85% dos clientes que mudaram de fornecedor estavam contentes, à época da deserção. Para que consiga reter os clientes, é preciso que eles estejam supersatisfeitos. E, para chegarem a esse ponto, é preciso que tenham passado por uma experiência extraordinária ao negociarem com você. A Amazon.com, por exemplo, desenvolve um relacionamento humano com o cliente, não obstante ser um fornecedor virtual. Sabe quais livros você já comprou e tem a capacidade de utilizar essa informação para sugerir-lhe outros livros que gostaria de ler. Oferece resenhas sobre livros que lhe

interessam, escritas por gente como você. O resultado disso é que os clientes adoram a Amazon, mesmo que não pratique os menores preços. É adorada porque todo o processo de compra foi cuidadosamente preparado para que os clientes, realmente, a adorassem.

Se mantiver relações de proximidade com os clientes, poderá usá-las com o intuito de aprender o que é necessário para dar a eles o tipo de experiência que vai fazê-los voltar querendo, sempre mais. A Blockbuster, por exemplo, descobriu que 14% a 20% dos clientes saíam insatisfeitos das lojas, porque não conseguiam achar o filme que procuravam. Ao perceberem o inaceitável dessa situação, a Blockbuster estudou o histórico dos aluguéis dentro de segmentos de clientes e usou a informação obtida para desenvolver um programa de computador que previsse as exigências específicas do cliente, para lançamentos de filmes. Como resultado, a Blockbuster está capacitada a garantir a disponibilidade dos novos títulos mais procurados, na maioria dos mercados. E isso aumentou não só a satisfação, como a fidelidade do cliente.

USAR O RELACIONAMENTO PARA VENDER MAIS É A ESTRATÉGIA N.º 2.

A estratégia número dois, em termos de eficiência no crescimento dos negócios, é vender mais aos atuais clientes. Essa estratégia, normalmente denominada de estratégia de infiltração, envolve ações para aumentar o volume de dinheiro que um cliente gasta com você. Repetindo: se tiver uma boa relação com um cliente, poderá usá-la para aprender o que precisa para fazer exatamente isso.

Há alguns meses, tive uma boa amostra dessa circunstância. Quando nosso VCR parou de funcionar, minha esposa e eu decidimos sair para procurar um substituto, e a primeira loja a que fomos foi a Harvey Norman. Assim que entramos, demos de cara com uma impressionante seleção de VCRs. Enquanto olhávamos ao redor, ofuscados pela variedade de opções, um vendedor ainda jovem aproximou-se de nós e perguntou se queríamos ajuda. Explicamos que estávamos procurando por um VCR com certas características. Depois de escutar o que tínhamos a dizer, fez-nos algumas perguntas. Levou-nos, então, diretamente a um VCR e disse: "Baseado no que me disseram, este é o equipamento para vocês". Depois explicou-nos por que era o equipamento certo.

Ficamos impressionados com a postura dele e satisfeitos com o produto recomendado. Como era a primeira loja em que entrávamos, explicamos ao vendedor que queríamos ir a outras, antes de tomarmos uma decisão. Visitamos outras lojas, rapidamente, e decidimos que Harvey Norman era o lugar para se comprar e voltamos para lá. Encontramos o vendedor que nos ajudara e dissemos que queríamos comprar o equipamento que nos havia mostrado.

Consumidores plenamente satisfeitos compram mais.

A Xerox descobriu que clientes "plenamente satisfeitos" são seis vezes mais propensos a repetir a compra de produtos Xerox, durante os 18 meses que se seguirem à compra anterior, do que os "clientes parcialmente satisfeitos". Não obstante "plenamente satisfeitos" signifique apenas dois pontos a mais na escala de satisfação que os "parcialmente satisfeitos", é representativo de fidelidade seis vezes maior.

Apanhou o equipamento e levou-nos até o caixa. Enquanto estava concluindo a venda, perguntou-nos por que estávamos comprando um novo VCR. Disse-lhe que o antigo acabara "de entregar os pontos". "Este equipamento aqui vem com um ano de garantia," disse-nos, "mas poderiam estendê-la por cinco anos", e mencionou o quanto isso iria custar. Como era um sujeito amigável e prestativo, ou melhor dizendo, considerando que tinha conseguido estabelecer um relacionamento conosco, perguntei-lhe o que achava. Explicou-nos que já que o outro equipamento tinha quebrado, provavelmente seria uma boa ideia ter um período mais longo de garantia. E porque tivesse um relacionamento conosco, acreditamos nele e gastamos mais $75,00.

Além disso, como havíamos estabelecido um relacionamento com esse vendedor e, por conseguinte, confiado nele, perguntei-lhe se achava que eu teria dificuldade em ajustar o novo VCR à TV. Disse-nos que achava que não. "Mas temos Sky Digital", expliquei. "Vai ser mais difícil?"

"Provavelmente, não," respondeu. "Mas se estiver preocupado, podemos mandar a autorizada 'Tisco' fazer o serviço para você. Vai custar-lhe apenas $30,00", falou, "e eles poderiam fazer isso amanhã. Na verdade, nem precisariam carregá-lo para casa. Eles podem passar aqui e apanhá-lo, antes de irem a sua casa". Foi exatamente o que fizemos. Como esse vendedor gastou seu tempo construindo um relacionamento conosco e como soube se aproveitar do relacionamento para compreender nossas necessidades, foi capaz de persuadir-nos a gastar $105,00 a mais que o planejado. E gastamos o dinheiro satisfeitos!

> *Ficamos muito satisfeitos em gastar mais $105,00.*

Nem todos os clientes são iguais.

Nem todos os clientes são iguais e, portanto, deveriam receber tratamento diferenciado. Hoje em dia, quase todos os envolvidos em negócios compreendem isso e, por conseguinte, a maioria das empresas está tentando separar os clientes em diferentes grupos.

Como estão seus relacionamentos com os consumidores?

- Como se refere aos clientes, quando não estão por perto?
- Faz coro, quando os colegas reclamam dos clientes?
- Do fundo do coração, acredita que ter clientes é um privilégio?
- Será que colegas e clientes concordariam com sua resposta à pergunta anterior?

Infelizmente, a maioria parece que somente faz a distinção com base nos gastos do cliente. Clientes A são os que gastaram mais, e D, aqueles que gastaram muito pouco. É um modelo bastante elementar de classificação e comporta inúmeros problemas. Por exemplo, observa o quanto os clientes estão gastando hoje, mas não o que, potencialmente, poderiam gastar no futuro. Considerando que o modelo é usado para determinar os recursos que são investidos em um grupo de clientes, pode transformar-se numa profecia fadada a se cumprir porque, se somente existem clientes D, a empresa não investe no desenvolvimento dos relacionamentos com esses clientes, o que significa que eles não se sentem envolvidos com a empresa e, por isso, vão gastar o dinheiro em outros lugares, permanecendo como clientes D.

Existem expedientes melhores e mais abrangentes de classificação dos clientes. Agregar valor é a primeira etapa para persuadir os clientes a pagarem mais, e o passo inicial é saber a que os clientes dão valor. Em outras palavras, você precisa descobrir o que estão querendo comprar. Precisa compreender que tipo de problemas têm e quanto estariam dispostos a pagar, para que fossem resolvidos. O uso de dados demográficos, por exemplo, pode ajudar, porque facilita a compreensão daquilo a que os clientes dão valor. Jovens, solteiros, profissionais liberais, por exemplo, podem ter bastante dinheiro disponível, mas falta--lhes tempo e, portanto, vão pagar pela conveniência e rapidez. O uso de dados psicológicos, em *marketing*, ou seja, estudo do comportamento dos consumidores com base no estilo de vida, é um método ainda mais útil para classificar os clientes, porque as características psicológicas analisadas estão mais próximas da descrição de valor que as demográficas.

Um método ainda melhor é classificar os clientes de acordo com o relacionamento que têm com você. Por exemplo, você tem **clientes comerciais** ou **de interesse financeiro**. Esses estão exclusivamente centrados no preço e buscam sempre fornecedores que praticam preços baixos. Custam caro para serem servidos e não retribuem com lealdade. Também há pouca ou nenhuma previsão de incremento de negócios com eles. São clientes cuja imagem vem a sua mente, quando pensa em aumentar os preços. Felizmente, nem todos os clientes se enquadram nessa categoria. Contudo, a maioria das empresas que analisa a rentabilidade dos clientes fica horrorizada com a imensa quantidade de clientes desse tipo que têm.

Outro segmento é o dos **clientes de nicho de mercado.** São mais ou menos rentáveis, mas compram somente um ou dois dos seus produtos ou serviços e, com certeza, têm você como um dentre uma miríade de fornecedores. Esperam receber bom atendimento, mas ainda se preocupam com preço. Têm, porém, condições de crescimento futuro.

Uma terceira categoria é a dos **clientes assíduos**. Esses o veem como sendo um grande fornecedor, confiam em um dos seus produtos e serviço, ou compram uma grande variedade deles. São, em geral, clientes bastante rentáveis, com potencial para desenvolver ainda mais o relacionamento. Esses clientes assíduos exigem nível especial de atendimento e esperam que você faça um esforço extra para ajudá-los. Também esperam ser consultados sobre novos produtos e serviços que você esteja planejando desenvolver.

> *Não trate os clientes como se fossem todos iguais.*

A quarta categoria é a dos **parceiros estratégicos** e, sem dúvida, são os mais valiosos. Isto é, caso tenha um, haja vista que a maioria das empresas não tem parceiros estratégicos. São clientes altamente rentáveis e têm grande potencial para aumentar o lucro, tanto o seu como o deles. Parceiros estratégicos esperam que você seja do tipo que faça as coisas acontecerem, quando se trata de discutir as metas e estratégias de longo prazo. Também estão contando com você para conversarem sobre como conseguirá fazer a conexão entre as suas metas e a deles, de forma que ambos possam alcançar objetivos de longo prazo. Os parceiros estratégicos também presumem que vá trabalhar com eles, para desenvolver novos produtos e serviços exclusivos para eles. Ficariam até mesmo satisfeitos em fazer a fusão dos procedimentos de ambos os negócios.

Duas outras categorias de clientes que as empresas têm são os reféns e os terroristas desertores. Os **reféns** são aqueles que são obrigados a fazer negócios com você, queiram ou não. Isso ocorre quando você tem o monopólio ou está perto de ter o monopólio, ou porque eles fazem parte de um grande conglomerado, no qual a decisão de compra é feita em outras instâncias e, depois, empurrada para o restante da organização empresarial. Os reféns se ressentem dessa situação, pois perderam a capacidade de escolha. Portanto, quando estiver lidando com clientes que sejam reféns, é importante trabalhar dobrado para agregar valor, como faria caso eles pudessem escolher. O objetivo aqui é agregar tanto valor que eles vão acabar fazendo comentários do tipo: "Mesmo se tivesse escolha, gostaria de fazer negócios com esta empresa".

Os clientes **terroristas desertores** compõem um segmento que seria preferível não ter. Mesmo assim, toda empresa, em teoria, vai ter alguns clientes que se enquadram nessa classe. É importante que compreenda quem são eles e que desenvolva um relacionamento, objetivando entender por que desistem de você. Como acontece com todos os terroristas, o grupo pode provocar tremendos estragos no mercado em que pratica atividades comerciais. Seria o caso, talvez, de manter um relacionamento com eles com o fim de minimizar, ou mesmo neutralizar, os prejuízos que poderiam trazer.

CLASSIFICAÇÃO DE ACORDO COM O VALOR.

Considerando que os consumidores não querem os produtos e serviços, mas o valor que possam extrair dos mesmos, acredito que a melhor maneira de classificar os clientes seja de acordo com o que eles valorizam. Se você conseguir fazer isso, vai descobrir que fica mais fácil definir produtos e serviços, assim como as ações de *marketing*. Se se tratar de pessoas que dão valor ao fato de serem mimadas e for possível desenvolver uma oferta que vá mimá-los até a medula dos ossos, então será muito fácil persuadi-los a pagarem mais. Da mesma forma, se saúde e longevidade forem as preocupações, produtos orgânicos e soluções naturais são o que eles querem. E como já sabe por experiência própria, tais produtos estão normalmente disponíveis, mas por preço mais alto.

A "Taco Bell", restaurante americano de *fast-food*, adotou esse método e identificou dois grupos de consumidores: os econômicos e os apressadinhos. Como já se pode deduzir, os econômicos estão preocupados com o preço e, na média, compram apenas três ou quatro produtos que estejam na parte inferior da lista de preços. Os apressadinhos, por sua vez, estão mais preocupados em receber a comida o mais rápido possível e, portanto, estão mais propensos a comprar os itens mais caros do menu. A "Taco Bell" ficou surpresa ao descobrir que esses dois grupos de consumidores representavam 70% do volume da empresa, embora fossem apenas 30% do total de consumidores. De posse dessa informação, a "Taco Bell" reordenou os negócios para atender a esses dois segmentos de consumidores. Seus diretores redefiniram os conceitos do negócio, reposicionaram a organização como um todo e procederam à reengenharia dos principais processos, com a finalidade única de dar aos econômicos e apressados o que eles queriam. As vendas aumentaram de US$1.6 bilhões, em 1988, para US$4.5 bilhões, em 1994. Os lucros passaram de US$82 milhões para US$273 milhões, durante o mesmo período.

Não são muitas as empresas que alcançam esse nível de sofisticação ao classificar os consumidores. Se conseguir formar segmentos de clientes com base no critério daquilo a que as pessoas dão valor, e se puder usar essa informação para personalizar tanto a sua oferta, quanto as atividades de *marketing*, vai ver como fica fácil persuadir os clientes a pagarem mais.

Desenvolva uma estratégia para cada segmento.

Quaisquer que sejam os critérios usados para classificar os clientes, não se esqueça de que o propósito é poder dar tratamento diferenciado a cada segmento. Clientes estritamente comerciais que só redundam em custos, por exemplo, deveriam ser dispensados. Para tanto, deveria encontrar maneiras de eliminar o custo de atendimento desses clientes comerciais, que são pouco rentáveis. Clientes de nicho de mercado deveriam ser o objetivo das campanhas de ação de vendas, enquanto procura fazer com que usem uma gama maior de produtos e serviços.

Quem são seus clientes principais, e o que você sabe sobre eles?

- Faça uma lista por nome e por grupo.
- Onde moram?
- Que tipo de função exercem?
- Quanto ganham?

- Quais são os *hobbies* e os interesses deles?
- Que carros gostam de dirigir?
- A que assistem, na TV?
- Que livros, revistas e jornais leem?
- Como gastam o dinheiro disponível?
- O que fazem nas horas vagas?
- Quais são os sonhos deles?
- De que têm medo?
- Quem, na família, toma a decisão de compra?
- Quais os processos para chegarem à decisão de compra?

O procedimento é compreender melhor os negócios deles e mostrar-lhes que você pode resolver vários dos problemas que têm. A ênfase com os clientes mais assíduos deveria ser torná-los parceiros estratégicos. Trabalhe para estreitar o relacionamento, até o ponto de desenvolver uma estratégia única, tendente a incrementar a lucratividade, sua e deles, e para fundir os procedimentos de ambos os negócios. Os parceiros estratégicos já são os clientes mais importantes, e é para eles que a maior proporção de recursos deve ser dirigida. São os menos preocupados com preço e os menos prováveis de desertar. Trabalhe para fortalecer a relação, o que inclui assumir uma parte não essencial dos negócios do cliente, desenvolver produtos e serviços exclusivos, e ter *marketing* comum, como por exemplo do tipo *Intel inside*.

Os relacionamentos são os caminhos para o sucesso.

O propósito de um negócio é ter clientes rentáveis e duradouros. Portanto, a estratégia deveria ser concentrar esforços para fechar mais negócios com os melhores clientes, em vez de ficar tentando fazer de tudo para todos. O primordial é criar fortes relacionamentos com os clientes principais e, depois, usar esses relacionamentos para compreendê-los melhor. O seu objetivo principal é descobrir a que eles dão valor, o que significa querer saber quanto cada segmento de cliente está disposto a gastar. Quando chegar a esse ponto, use o conhecimento para desenvolver ofertas que sejam desejadas por vários segmentos e trate cada segmento de forma diferenciada.

Os relacionamentos com os clientes são, na verdade, as rotas para o sucesso. São os caminhos que vão lhe dar condições de persuadir os clientes a pagarem mais.

A meta: fechar mais negócios, com os melhores clientes.

Conforme pudemos constatar quando fui comprar um novo VCR, até mesmo na área de bens de consumo é possível construir um relacionamento e usá-lo para gerar vendas de maior valor. Portanto, vale a pena construir os relacionamentos com os clientes sobre bases sólidas. Remova todos os empecilhos que surgirem e invista na manutenção dos relacionamentos, para que lhe deem um caminho tranquilo, enquanto você segue em direção ao sucesso.

Sumário

- Aproveite ao máximo o potencial de lucro em cada relacionamento. É a sua meta.
- Faça com que a relação seja proveitosa para ambos.
- O relacionamento deveria ajudar os clientes a conseguirem o que desejam e ajudar você a compreender tudo a respeito dos clientes.
- A prioridade número um deveria ser usar o relacionamento para reter o cliente e, também, o seu negócio.
- Certifique-se de que tanto você quanto seus empregados compreendem o valor da "vida útil" dos principais clientes.
- Aproveite os relacionamentos para dar aos clientes uma experiência satisfatória, o que acontece quando entende como desejam relacionar-se com você.

- Não se esqueça de que clientes "muito" ou "plenamente" satisfeitos provavelmente vão voltar para novas compras, muito mais que os meramente "satisfeitos".
- Aproveite o relacionamento para vender mais. Entenda o que é importante para os clientes e quais os problemas estão tentando resolver, e use essa informação para ações de vendas.
- Lembre-se de que nem todos os clientes são iguais; portanto, não os trate da mesma maneira.
- Classifique os clientes. Um bom método de classificação é agrupá-los na base da relação que têm com você. Um método ainda melhor é agrupá--los de acordo com aquilo a que dão valor.
- Crie uma estratégia exclusiva para cada segmento de clientes. Desenvolva produtos e serviços feitos sob medida para as necessidades de cada um deles e também diferencie a forma de tratamento.
- Os relacionamentos são caminhos para o sucesso. Portanto, vale investir tempo e dinheiro em construir verdadeiras autoestradas, que vão levá-lo ao sucesso nos negócios.

Reflexões

- Você acha que haveria uma forma de fazer com que o relacionamento com seus clientes fosse mais proveitoso para eles?
- Você acha que poderia fazer melhor uso dos relacionamentos, para aprender mais sobre os clientes?
- Quanto custam as deserções, anualmente?
- Haveria uma forma de cuidar melhor dos clientes atuais?
- De quais oportunidades de ações de vendas você não está se aproveitando?
- Como classifica os clientes? Poderia fazer isso melhor?
- Qual a estratégia usada para lidar com cada segmento de clientes?

Capítulo 10

Próximas etapas

"Se você consegue sonhar, consegue fazer.
Nunca se esqueça de que tudo isto aqui começou com um ratinho."
Walt Disney

Marque uma reunião com todos os funcionários, ou, pelo menos, com aqueles que entram em contato com os clientes.

Prepare uma lista de coisas às quais os clientes dão valor. Lembre-se de que valor é aquilo que você tem e que os clientes desejam a tal ponto que estão dispostos a pagar por ele. O que sabe da lista de compras dos clientes, qual a hierarquia de valor? Tem de saber, exatamente, sobre esses detalhes, nada de suposições. Existem problemas que perturbam tanto os clientes, que eles estão prontos a dar-lhe dinheiro para que você os solucione.

Prepare uma lista do que poderia fazer para aprender mais sobre o que os clientes valorizam. Quais os problemas que eles têm, e com os quais você não está lidando? Será que você faz alguma coisa que torna difícil para os clientes fazerem negócios com você?

Quanto mais valor agregar, mais fácil será persuadir os clientes a pagarem mais.

Que tipos de problemas seus clientes enfrentam para resolver os problemas dos próprios clientes, objetivando retê-los? Pergunte. Observe. Converse com os clientes dos seus clientes. Aprenda mais sobre o negócio dos clientes, os objetivos, sonhos e obstáculos que encontram pelo caminho. Quanto mais souber sobre os problemas dos clientes, mais oportunidades vai encontrar para criar valor. Quanto mais valor agregar, mais fácil será persuadir os clientes a pagarem mais. Decida quem vai fazer o quê, e quando. Então, mãos à obra!

Descubra o quanto, em termos de dinheiro, os clientes valorizam essas coisas. Em outras palavras, quanto estão dispostos a pagar para ver os problemas resolvidos, ou para obter o que você tem e que eles querem? Escreva o que sabe. Mas, se você é como a maioria das empresas, não vai saber muito bem sobre quanto os clientes estão dispostos a pagar, pelo menos não completamente. Quanto esses problemas estão custando a eles? O que ganhariam, se esses problemas fossem resolvidos? Quanto valeria para eles tê-los resolvidos rapidamente, e de forma correta e segura? Prepare uma lista das ações que poderia botar em prática para descobrir as respostas a essas perguntas. Mais uma vez, decida quem vai fazer o quê, e quando, e mãos à obra.

Valor ainda não aproveitado está em geral escondido em produtos e serviços complementares. A questão é definir a solução integral que os compradores estão procurando, quando escolhem um produto ou serviço. A maneira mais fácil de fazer isso é pensar no que acontece antes, durante e depois que o produto deve ser usado. É preciso resolver coisas como com quem deixar as crianças e onde estacionar o carro antes de ir ao cinema. *Software* operacional e aplicativos são usados junto com o *hardware* do computador. No setor de transporte aéreo, transporte terrestre é usado depois do voo, e faz parte claramente do que o cliente precisa para ir de um lugar ao outro.

Mais tarde, quando tiver mais experiência em trabalho de campo, marque outra reunião com os funcionários. Use as informações obtidas para melhorar as ofertas existentes ou para criar novos produtos e serviços. **Use também essas informações para vender o valor que criou**. Lembre aos vendedores que o trabalho deles é persuadir os clientes a pagarem mais. Desenvolva técnicas de venda, para explicar aos clientes como vão colher os frutos mais adiante se comprarem os produtos e serviços no preço cotado. Seja capaz de mostrar-lhes o quanto vão gastar, se não comprarem de você. Em outras palavras, mostre a eles quanto o problema lhes está custando agora ou quanto um problema em potencial poderia custar-lhes, no futuro. Finalmente, identifique maneiras de demonstrar quanto estariam economizando por você ser rápido, fácil de negociação e confiável. Desenvolva um roteiro que os vendedores possam usar, quando estiverem tratando desse assunto com os clientes. Isso vai dar-lhes a chance de praticar o roteiro, ora no papel do vendedor, ora do cliente, e poder ver o mundo por meio de diferentes perspectivas.

Lembre aos vendedores que o trabalho deles é persuadir os clientes a pagarem mais.

Finalmente, prepare-se para as objeções aos preços, que já sabe que virão. Antecipe-se a elas e prepare respostas para cada uma. Mais uma vez, transforme isso em um roteiro para ser usado entre os vendedores. Treine como se fosse um ensaio de teatro.

Isso não é algo para se fazer apenas uma vez, evidentemente. Deve ser feito de forma continuada. É preciso criar uma cultura dentro da empresa, na qual as pessoas compreendam que o objetivo do negócio é ter clientes rentáveis, que vão continuar fazendo negócios com a empresa, por um longo tempo. Você não quer clientes pouco rentáveis e, a partir do momento em que tiver clientes rentáveis, vai querer retê-los. Você quer que seu pessoal fique se perguntando, o tempo todo: o que seria necessário para que os clientes não se importassem em pagar mais?

Nunca se esqueça de que há uma conexão entre a sua *performance* e a aceitação do preço. É essencial que a empresa entregue aquilo que prometeu. O básico tem de estar perfeito. Se os vendedores não têm suficiente conhecimento do produto, se o estoque não está abastecido, se a entrega não é feita na data combinada, se há erros nas faturas ou se você deixa os clientes na mão por outros motivos, não faz muito sentido tentar persuadir os clientes a pagarem mais. Primeiro, ponha em ordem os problemas de desempenho.

O objetivo do negócio é ter clientes rentáveis e duradouros.

Palavras finais

Assim como acontece em muitas outras circunstâncias ligadas aos negócios, persuadir os clientes a pagarem mais funciona como uma charada. Sempre há solução para uma charada, embora nem sempre salte à vista. De fato, é preciso refletir, usando a imaginação para descobrir o enigma. Há sempre resposta para a seguinte questão: "O que seria necessário, para que o cliente estivesse disposto a pagar mais?" Nem sempre a resposta é óbvia, mas ela sempre existe.

Espero que este livro lhe tenha dado algumas ferramentas e dicas que possa usar para solucionar o enigma de como persuadir os clientes a pagarem mais. Você e seus funcionários deveriam saber de cor que:

- preço não é o problema;
- é possível persuadir os clientes a pagarem mais;
- esse é o seu trabalho;
- a rentabilidade vai aumentar, se fizer isto.

Gostaria de terminar esse tempo que passamos juntos oferecendo-lhe um exercício, na arte de solucionar charadas.

Charada – Três rãs estavam sentadas em um tronco. Uma decidiu pular fora. Quantas ficaram no tronco?

Resposta – Ficaram três rãs. Decidir não é o mesmo que fazer.

Moral – Não tome a decisão de aumentar os lucros persuadindo seus clientes a pagarem mais.

Aja!

FUNDAMENTO

onheça também outros livros da **Fundamento**

www.editorafundamento.com.br
Atendimento: (41) 3015.9700

▶ SEU IMÓVEL
Mauro Halfeld
Uma leitura agradável, leve e bem-humorada que mostra a melhor estratégia para comprar a casa própria e investir em imóveis.

▶ INVESTIMENTOS
Mauro Halfeld
De maneira clara e didática, Mauro Halfeld aborda questões importantíssimas sobre finanças pessoais, imóveis e orçamento familiar.

▶ O QUE ATRAIU WARREN BUFFETT
Barnett C. Helzberg, Jr.
Conheça os segredos do homem que vendeu sua empresa para o megainvestidor mais cobiçado do mundo.

Conheça também outros livros da FUNDAMENTO

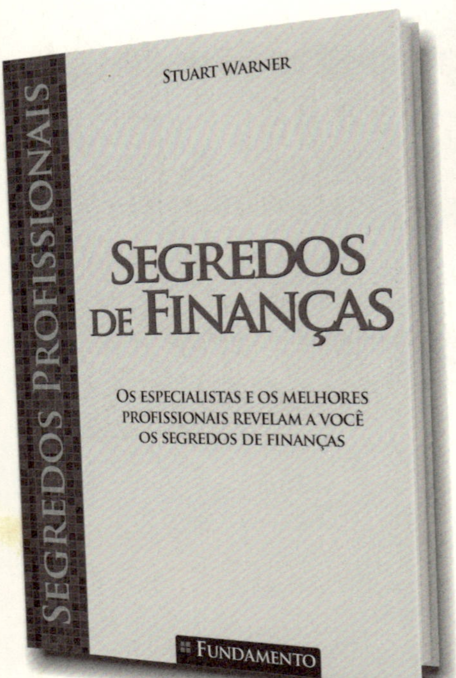

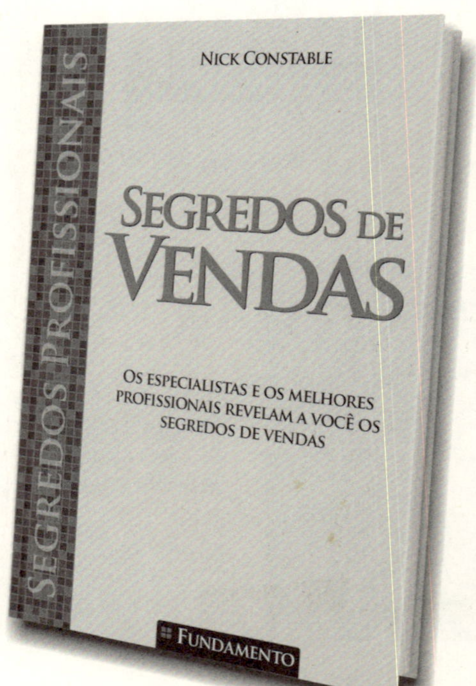